ファンタジー・プレイ・ボード

ボードⅠ（公園）

ボードⅡ（家庭）

ファンタジー・プレイ・ボードのパーツ

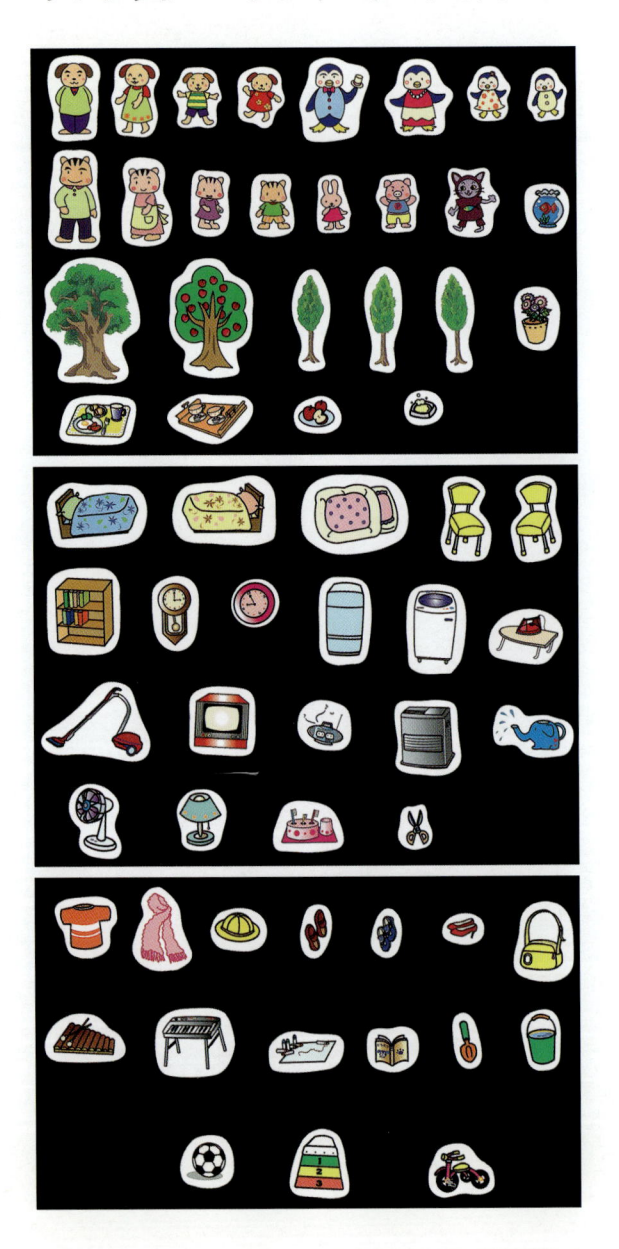

この本の研究に使われた
「オリジナル・ファンタジー・プレイ・ボード」のパーツ

ファンタジー
プレイ・ボード
ガイドブック

FANTASY
PLAY BOARD
GUIDE BOOK

松本 良枝 著

北大路書房

発刊によせて

　永年にわたって子育て支援に熱意を燃やしている子育て協会の杉浦正明代表から保育の現場で子育てに悩むお母さんからの相談に携わる保育士や養護教諭の方々に役立つカウンセリングの講座を開きたいとのご要望があり，子育て協会主催子育てカウンセリング講座を開設することになった。その受講修了者を対象として臨床技術向上をめざしたアドバンス・コースを設け各方面から心理テストや心理療法に関するご専門の先生方をお招きして講義をお願いした。そのコースの箱庭療法を帝京大学の松本良枝教授にお願いしたが，箱庭療法の実際にふれた受講者の興味は高く保育の現場にどのように取り入れるかが議論されるようになった。ただ，残念なことに箱庭療法の器具や付属品が大きく簡単に移動できないため，箱庭の用具を設置している施設でしか講義ができないし，保育の現場にはそうした設備を用意できない事情もあり，箱庭療法を広めにくいことがあった。

　そのころ，子育て協会内の幼児教育に携わっている保育士の方々の間で子ども用の絵本の効率的な活用法を検討しているグループがあって，もっと子どもが自由に絵本の物語に参加できるような絵本の開発が検討されていた。こうした絵本に関する新しい考え方と箱庭療法の方法を組み合わせもっと幼児向きにすることはできないものかという意見がでて，松本先生にご相談申し上げたところ，ご賛同いただき，その研究グループに参加していただくことになった。

　当初は絵本の中の登場人物を自由に移動できる絵本を考えたのだが，試行の結果それでは幼児は物語ができにくいことがわかり，背景をできるだけ簡単なものにして登場人物も動物にして，いろいろの小道具を移動できるピースにすることになった。グループのメンバーのご家族にイラストレイターがおられたのでご無理をお願いしていろいろな場面と各

種のパーツを試作した。ことに，登場人物となるイヌ，ブタ，ペンギン，ネコなどの動物の表情を6種類つくり幼児がどの動物のどんな表情のものを選ぶかを調べてみたところ，表情はあまり選択の基準になっていないことやイヌとペンギンを選択する子どもが多いことがわかったので主としてイヌとペンギンを中心に登場させることにしたものである。こうした経緯を経てでき上がったのがここに発表されるファンタジー・プレイ・ボードである。

　この研究会は松本良枝教授を中心に松本恒之東洋大学教授をはじめ杉浦正明子育て協会代表と浅井聖士フリースクール代表に加えて横浜市とその近郊の小学校養護教諭・幼稚園教諭・保育士である荒木佐知子，大塚弘枝，栗田順子，小林由美子，島田久美子，角田喜美子，山内礼子の各氏で構成され，ボードと各種のパーツは小林直美氏によって作成されたものである。この研究会のメンバーによって実施された事例を松本良枝教授によって分析された結果がここにまとめられたことは，今後の幼児教育のあり方や問題をもつ子どもたちの取り扱いに新しい一石を投じるに違いない。また，子育て協会がめざす新しい子育ての推進に大きな原動力となって一層の発展が期待されるものと信じている。松本教授の指導のもと，製作に当たった研究会の皆様の熱意と努力には心から敬意を表するものであるが，多方面から集められた多くの資料を整理・分析くださった松本良枝教授と帝京大学大学院の池田唯氏にも深甚なる謝意を表する次第である。

ファンタジー・プレイ・ボード研究会
代表　**奥村　晋**

はじめに

　私が，ファンタジー・プレイ・ボードとかかわったのは，今から6年前（1996）に子育て協会に招かれて，箱庭療法の研修における講師を務めたことがきっかけである。

　その2年後の箱庭療法研修時に，当協会顧問の奥村晋氏が，「箱庭療法を，虐待を受けた養護施設の子どもに実施したが，少年用の台が高すぎることやミニチュアの玩具が幼児になじみにくい。幼児用の箱庭療法的な遊具を考えたい」と提案された。その提案の実現のために，奥村氏主催のもとに，神奈川県周辺に仕事をもつ保育士や養護教諭の方々と研究会が開催された。ここで創案されたものを実地に幼児に試み，幼児の遊びとしてまた心の査定として活用できる結果を得て2003年に公刊されたものが，このファンタジー・プレイ・ボードである。

　保育や養護の現場においては，登園拒否，不登校，学習障害（Lerning Disorders, LD），注意欠陥／多動性障害（Attention Deficit／Hyperactivity Disorder, ADHD），無感動・無関心で孤立しがちな子どもたちの心の理解、援助のあり方に苦慮することが頻発している。このようななかで，子どもたちが楽しく遊びながら，心の安定が得られ，かつ，保育や養護に携わる方々に，子どもの理解に役立つものを求めて研究に取り組み作成されたものである。

　このファンタジー・プレイ・ボードの作成においては，幼児に親しみやすく，ともに遊び，観察する大人も楽しめることをねらって試行錯誤を重ねてきた。その結果，でき上がったものは，箱庭療法や絵画療法，TAT（主題統覚検査）などの理念を統合したものということができるものとなった。それゆえに，遊びとして用いることも子どもの心の安定を図る遊戯療法として，また，子どもの心を理解する心理査定としても用いることができるものとなったと考えている。

本書では，ファンタジー・プレイ・ボードを，遊びとして，心理査定として，また，遊戯療法として用いる際の理論的根拠とそれに基づく実践的技術について解説する。

松本　良枝

目 次　CONTENTS

発刊によせて
はじめに

Ⅰ．ファンタジー・プレイ・ボードの基礎理論 ………… 1

1．ファンタジー・プレイ・ボードと遊び ……………… 1
（1）ファンタジー・プレイ・ボードとは　1
（2）子どもにとっての遊びの意味とその発達　2

2．箱庭療法的発想 ……………………………………… 10
（1）箱庭療法とは　10
（2）箱庭療法の進め方　12
（3）箱庭療法の発展過程　12
（4）箱庭療法の理論　13

3．TAT（主題統覚検査）的発想 ……………………… 16
（1）TATとは　17
（2）TATの進め方　17
（3）TATの分析と解釈　17

Ⅱ．ファンタジー・プレイ・ボードの実際 ……………… 21

1．ファンタジー・プレイ・ボードの特徴 ……………… 21
2．ファンタジー・プレイ・ボードの進め方 …………… 23
（1）実施場所の確保　23
（2）子どもとともにファンタジー・プレイ・ボードを楽しむ
　　保育者などの確保　24

（3）プレイ時間の確保　　24
　　（4）準備　　24
　　（5）遊びの開始　　25
　　（6）ファンタジー・プレイ・ボードを実施する保育者（セラピスト）の態度　　26
　　（7）遊びの終了　　27
　3．ファンタジー・プレイ・ボードに表れた作品の分析と解釈 …… 28
　　（1）意識面における分析　　29
　　（2）無意識の分析　　30
　　（3）ファンタジー･プレイ･ボードにおける表現からの分析　　31
　　（4）作品の総合解釈　　37
　4．ファンタジー・プレイ・ボードと治療 …………………… 38
　　（1）ファンタジー・プレイ・ボードの治療的意義　　38
　　（2）ファンタジー･プレイ･ボード使用における治療者の態度　　39

Ⅲ．ファンタジー・プレイ・ボードに関する統計資料の検討 … 43
　1．資料の収集 ………………………………………………… 43
　2．資料の統計的分析 ………………………………………… 44
　　（1）ファンタジー・プレイ・ボードの使われ方　　44
　　（2）ミニチュア玩具の使用　　45
　　（3）ファンタジー・プレイ・ボードで表現されるテーマ　　63

Ⅳ．事例研究 …………………………………………………… 67
　事例1　怒りっぽくて他の園児に恐れられている事例　　69
　事例2　甘えん坊であるが，強情でわがままな事例　　71

事例3　べたべたと大人に甘える事例　73
事例4　甘えと多動傾向を示す事例　75
事例5　甘えと多動傾向を示す事例　78
事例6　怒りっぽくて他の園児に恐れられている事例　81
事例7　目立とうとして勝手な行動をする。また，たまに落ち着きなく動きまわる事例　83
事例8　怒りっぽい，目立ちたがる，べたべた甘える，落ち着きのない事例　85
事例9　自閉傾向を示す事例　88
事例10　ぜんそくとアトピーをもち他の園児に少し意地悪をする事例　91
事例11　アトピー性皮膚炎をもつ事例　94
事例12　おどおどしていて孤立しやすい事例　96
事例13　目立とうとして勝手な行動をする事例　99
事例14　べたべたと大人に甘える事例　101
事例15　パニック,常同行動,多動,情緒障害の疑いのある事例　105
事例16　ADHDの疑いのある事例　106
事例17　通園したがらない事例　108
事例18　LDの傾向がやや見られる事例　111

引用文献・参考文献　113
おわりに　115

I ファンタジー・プレイ・ボードの基礎理論

1 ファンタジー・プレイ・ボードと遊び

(1) ファンタジー・プレイ・ボードとは

ファンタジー・プレイ・ボードとは，子どもに空想をもたらしやすいイラストが描かれた30cm×42cmの2枚のボード（台紙）上で，小動物，家具，遊具などの62個のパーツを自由に置かせて遊ばせながらお話を作らせるという一種の遊具でもあり診断検査さらに治療的遊具でもある（口絵参照）。

箱庭療法の砂箱の代わりに，2枚のボードを使うという枠組みが設定されている。箱庭療法の砂箱と異なる点は，そのボード上にブランコ，テーブルなど子どもの慣れ親しんだパーツがあらかじめ描かれていることである。これは，子どもがそのボードを使って遊びやすいようにと配慮したことによる。

したがって，ファンタジー・プレイ・ボード上での遊びの特徴は，次のような点にある。

①遊びといっても，まったく空想の世界で自由勝手に遊ぶことを意図したものではなく，ある一定の社会に相当するボードのなかで自由

に自己表現させるということをねらいとして構築されているものである。そのボードのうえで，子どもは自由でのびのびとした想像的思考や創造的行動を発揮させ展開させるように工夫して作成されている。ボード上に動物や家具などのパーツを必ず置くことを強要するものではない。このファンタジー・プレイ・ボードを実施する場合に，同じ教示を行なっても，子どもによって，きちんとボード上に置く子どももあればはみ出して置く子どももある。また，置いて動かさない子どももあれば移動させる子どももある。子どもによってさまざまである。これらは，その子どもの個性を理解するのに重要な情報である。大人が型にはめて遊ばせたり遊ばせようとするのは，子どもたちにとって真の遊びではない。そのような遊びからは，子どもの真の姿を明らかにすることはできない。

② この種の遊びに，パズルを解かせたり，パーツを置かせたりするだけのものがあるが，ファンタジー・プレイ・ボードは，それらに加えて，パーツを移動させたり物語を作るということに特色があるということである。ここに，TAT的な査定が可能となる源泉がある。

③ 箱庭療法風のプレイとTAT的査定を結合したことによって，このボードが子どもの心の理解と援助を同時に可能とする遊具であると位置づけられるであろう。換言すると，このファンタジー・プレイ・ボードは，子どもたちが普段意識していない内的な心の世界を表現することを助けたり，心的葛藤やわだかまりをもった子どもたちがそれらから解放されるチャンスを提供する遊具であるといえよう。

(2) 子どもにとっての遊びの意味とその発達

ファンタジー・プレイ・ボードが，子どもの遊びを手がかりにして，彼らの診断と理解を志向しているということは，これを使用する側に，子どもの遊びについての理解が必要である。ここでは，遊びの子どもにとっての意味とその発達について説明を加えておく。

a．子どもにとっての遊びの意味

「遊び」という用語には，さまざまな意味が含まれている。国語辞典によると，「遊ぶ」ことのほかに，「酒色やバクチにふけること」「機械の部品と部品の間の余裕」などがあげられている。これにたいして，英語のプレイ（play）には，遊び，遊戯，気晴らし，娯楽，勝負事，競技，賭博行為，いたずら，戯曲，演劇，動き（光や表情の），自由な動き（活動），失業など多岐にわたっている。日本語で「遊び」という言葉が人と関係づけて使用されるときは，とかくマイナス面が強調されることが多い。たとえば，「遊び人」というときにイメージされるのは，勉強とか仕事など生産的活動にかかわらず，無為に時間をつぶしている人である。しかし，その肯定的側面に注目すると，部品と部品の合間にあってそれぞれの部品の機能を高めるとか，気晴らし，自由な活動など人間の成長発達に必須の要素が含まれている。

遊びには個人的遊びから始まって集団遊びがある。個人的遊びには，ひとりで①手指をもてあそんだり，跳びはねたり，ぐるぐる回ったりするなどの身体活動の習熟，②組み立てたり，壊したりするゲームの習熟，③擬人化によって物と人の変換の物語による言語の発達などがあり，集団遊びには模倣や協調，戦いのゲームなどがある。

ビューラー（Bühler, 1935）は，子どもが自分の感覚に取り入れる態様から，①感覚運動器官を使う機能的遊び（いないいないばーなど）②ごっこ遊び（ままごと遊びなど）③受容的遊び（テレビを見るなど）④構成遊び（かくれんぼなど）に分類した。

カイヨワ（Caillois, 1958）は，遊びと現実とは次のような同一の原動力をもっているとし，遊びを肯定的にとらえている。

①自己主張の欲求，自分の優越を見せようとする野心。

②相手の挑戦に応じ記録に挑む，あるいはたんに困難に打ち勝とうとする試み。

③運命の恩恵を待ち受けること，追求すること。

④反復や対称を求めること。また反対に解答を即興にゆだねたり，でっち上げたり，無限に変化させたりする喜び。秘密や謎を解く喜び。
⑤あらゆる組み合わせの技術によって得られる満足。
⑥力，技量，スピード，忍耐力，平衡感覚，器用さを試してみようとする熱望。
⑦規則や法律の修正，それらを尊重する義務，それらの網をくぐる誘惑。
⑧ほろ酔い気分と深い酩酊，恍惚へのあこがれ，官能的パニックへの欲望。

　子どもの遊びにこれらすべての要素が含まれているとは考えられないところもあるが，①～⑧等の側面は幼児期の遊びにおける快体験と密接に結びついている。いずれにしても，遊びの体験は人間の成長発達において意義深いものがあるということを忘れてはならない。
　したがって，ポジティブな意味での遊びは，子どもにも大人にも必要なものである。遊びは，時間つぶしでも，賭博でもない。社会的なルールのなかで行なわれる自発的で能動的行動（自由な行動）のひとつの過程ととらえねばならない。そうして，そのような行動のなかでは，失敗の恐れや悲惨な結果と無関係であることが重要である。そのような遊びのなかでこそ，心が解放され，自由な発想，正直な感情の吐露が行なわれるとともに創造的行動を楽しむことができるのである。また，この創造的行動をさらに楽しむために，新しい情報を得たり，新たな創造的行動を生み出していく。このような遊びのなかでは，失敗の恐れをほとんど感じないし，そこで表現する自分を認めたり変えたりすることに抵抗を感じないですむのである。これが，遊びの治療的意味である。
　しかしながら，子どもが遊びのなかで自己表現をしているということは，子どもによっては遊びの場が危険な状況を惹き起こす場合も想定される。子どもの感情や行動がコントロールされないで表出される場合があるということである。遊びの最中での喜びや興奮のなかで，子どもに

よっては激しい攻撃的・破壊的行動を示すことがある。これらの行動は，治療的には，感情の発散による浄化作用となり，子どもに快感や満足感をもたらすことになるが，時には，それらの行動の激しさが増し，身体的・心理的に危険な状態になることもある。大人が子どもの遊びに治療的に関与せねばならない場合である。

フロイト（Freud, 1940）は，ホメオスタシスの原理から，遊びを「不快な緊張や葛藤を低減させるもの」としている。換言すれば，不快な緊張や心的葛藤は，ファンタジーや遊びのなかに投影すると指摘し，また，心的葛藤や不快な事象を克服する機能があると指摘したことによって，遊びが心理アセスメントの一方法と考えられ，また，心理療法の一技法と考えられるようになったのである。

b．子どもの遊びと心身の発達

子どもは，身体的な成長とともに心も発達していく。エリクソン（Erikson, 1959）は，自律性は1〜2歳のころから発達し，3〜4歳ごろにはイニシアチブも取れるようになるが，その芽生えた自律性を大人が過度に禁止すると，恥や疑惑が生じて自律性を十分に発達させられないといっている。自由な遊びは，子どもの自律性を育てるためには重要なものである。また，マクマホン（McMahon, 1992）は，子どもの遊びを観察することによって，子どものアセスメント（査定）や心の援助に活用している。そこでは，遊びと子どもの発達について，表I-1のようにまとめられている。

表I-1を基に以下に，子どもの遊びの発達をより心理的に検討する。

■遊びの始まり（0〜1歳）　遊びの始まりは，誕生後数週間のうちに見られる。無力な状態で生まれた赤ちゃんは，まず養育者との関係のなかで，赤ちゃん自身がもつ内的潜在力を発揮させた感覚遊びを始める。乳児は，空腹，身体的不快，食事の喜び，欲求充足の喜び，養育者の温かさへの喜び，叱責への恐怖，身体的接触経験などのなかで，快適な体験を追体験しようと遊ぶのである。この時期では，母親に代

表Ⅰ-1 遊びの発達（McMahon, 1992）

おおよその年齢	感覚遊び／創造的遊び	身体遊び	探索遊び	社会的遊び	象徴遊び
0〜12か月	全身と、かぐ、感じる、味わう、見る、聞くといった全感覚を使う　世界を経験するための諸感覚を使う	感覚運動遊び	自分の身体と母親の身体「原因である」ことの喜び、「これは何？これで自分は何ができる？」	赤ちゃんと母親の交替遊びいないいないばあ、パット・ア・ケイク　母親の行為や音のまねひとり遊び	初語移行対象
1、2歳	食べ物と自分の排泄物を使った遊び　音や言葉を使った遊び　全感覚を使う	広範な筋肉を使った遊び―歩く、登る　狭い範囲の筋肉を使った遊び―積み木	練習遊び、操作的遊び、反復遊びと儀式的遊び	物理的世界の探索：内／外、押す／引く、隠す・探す、上／下	行為的命名、模倣遊び、自分のふり遊び、人形を使ったごっこ遊び、役割遊び、状況のごっこや連続ごっこ
3、4歳	砂、水、小麦粘土、色塗り、言葉、お話、音楽	走る、跳ぶ、三輪車乗り　踊り、ボール遊びのスキル、線描き、切る	問題解決、工作、パズル	連合遊びあるいは協同平行遊び　協同遊び―家事のテーマと追跡ゲーム	ひとりでする精巧な象徴遊び；ごっこ遊びでの物の使用において複雑で持続的なテーマが象徴性を増大させる想像上の仲間、仮装、[おるすばん]協同社会劇遊び：行為と役割の協同
5〜12歳	想像的な芸術活動、音楽、木、お話、ペット	ルールのあるゲーム、体操とスポーツ、自転車乗り、縫い物と工作、作文	家事のスキル、工芸的なスキル、科学的なスキルを使って物を作る	協同、競争、精巧な社会組織	(結婚式、学校、キャンプ、ショー、狩人と獲物、が日々続く)ひとりでする遊び、作り遊び、物語、テレビ「小世界」
12歳以上と成人	創造的な芸術、音楽、作文、木、お話、セックスや愛撫、料理や食事、子どもやペット	スポーツとゲーム、趣味のスキル	科学と技術	ルールのある公式ゲーム	概念で遊ぶ、考える、空想、書く、それに生活内での役割演技

表される養育者は，一般的に，赤ちゃんの欲求を全面的に温かくみたすように援助することに喜びをもつものである。赤ちゃんは，そのようなところにさらに行動を活性化する。ボウルビー（Bowlby, 1969）は，このような母子間の情緒的つながりに基づく行動を愛着行動と名づけている。養育者の全面受容が，赤ちゃんに胎内から外界に放出されたという誕生直後の恐怖や不安を低減し，養育者との一体感や安心感を軸にした愛着行動を発生させる。こうした安定感のもとで，自分自身や母親の身体を触ったりつねったりするような一見ふざけと見えるような遊びを始める。このような心理的状況が，外界を恐れず外界とかかわろうとする意欲を生み出すし，創造的遊びを開発させる。

　子どもへの授乳やオムツの取り替えなど子どもの喜ぶことに養育者は喜びを感じる。子どもの微笑は母親の喜びであり，母親の微笑は子どもの喜びであるという状態を，精神分析学者のマーラー（Mahler, 1975）は，共生といういい方で表して，このような状態は，生後3か月～6か月の間に見られるといっている。そのような状況を安全基地といい，そのような状況ができ上がったあとに，それをベースに母親からの分離・個別化を図っていくとしている。

　母子一体感の状況から母子分離状態に成長する助けとなるのが，身体的機能，感情的機能，言語力，判断力，記憶力などの知的機能などの発達である。具体的には，ベッドに寝たきりの状態から，座ったり立ったりすることができるようになることによって，視界は広がり新規なものへの興味が生ずるし，母親と接触していなくても言語によるコミュニケーションが取れるようになることによって，不安をもちながらも母親からの分離ができるようになっていくのである。そうして，1歳位になると，自分自身や母親の身体を探索することを契機にして，探索遊びといわれるような第三者や物理的世界の探索が活発化するようになる。

■1～2歳ごろの遊び　　目と手の協応ができるようになるのは，3か

月～4か月にかけてであるが、そこで初めて、物に触ったり、壊したり、積み上げたりするような「操作の遊び」や「探索的遊び」ができるようになる。このような遊びは、1～2歳になっても引き続きなされるが、このころには、愛着、自律、分離、個体化に関するものが遊びの中心になる。そして、遊びのなかで、ある物に対する自分の行動とその行動が生み出す対象の変化に気づくようになる。

ピアジェ（Piajet, 1953）は、乳児が新しい技能を獲得するときは、必ず「練習遊び」が先行すると考えている。この「練習遊び」には、次の3つの側面があると述べている。それは、①新奇な様式の刺激に反応するものとしての操作遊び、②どのようなものであれ、遊びそのものが変化をもたらす操作遊び、③反復活動あるいは変化をともなう反復活動などである。1歳～1歳3か月になると、いろいろな形の遊具や立体的な遊具を相互に組み合わせて使用することができるようになる。また、座ったり、立ったり、歩いたりする運動が、新たなゲームの対象として加わる。親の協力もあるが、小さな子どもは、長時間はい回ったり、ヨチヨチ歩きを楽しむのである。1歳半ごろからは、これらの遊びが質的に急激に複雑化し、量的に急激に増大することが、多くの研究で観察されている。

このように、幼児が、自分自身の活動によって、そこに存在する道具のもつ意味の変化に気づき、そこから現状を変化させることに興味をもつようになるのは、1歳半から2歳の間であるとされている。

■**2～3歳ごろの遊び**　2歳～3歳のころの子どもは、保育園や遊園地などで、同じ位の年齢の子どもに関心は示すが交流をもつことはできない。同じような遊びを独立かつ並行的に遊ぶことが多い。

パーテン（Parten, 1933）は、これを「ひとり遊び」にたいして「平行遊び」といっている。当然のことながら、親が介入すれば、子ども同士の物のやり取りやごっこ遊びが進むが、子どもは「平行遊び」でも楽しんでいるのである。養育者は、介入せずに見守る態度が必要

となる。子どもは，積み木，お絵かきなどの「ひとり遊び」や「平行遊び」などで自分が興味をもったことをひとりでいろいろ工夫し，新しい遊びを創出することに楽しみを見いだし，遊びを自分で独自に発展させることに喜びを感じるのである。

■3〜4歳ごろの遊び　この時期に十分自発的に遊んでいることによって，自分自身に自信をもてるようになり，その後，さらに遊びを発展させて複数の他者とのやり取りがスムーズにできるようになるのである。そして，徐々にその集団も大きくなり，互いに協同して遊ぶ状況が出現する。友だちとのごっこ遊びもできるようになる。

　遊びの種類も増え，砂場などでの創作遊び，ブランコ，滑り台，水遊び，かくれんぼ，三輪車乗りなど，よりダイナミックな協同遊びができるようになる。このころの子どもがとくに好むのは，砂遊びと水遊びであるといわれている。

■4〜5歳ごろの遊び　このころの子どもは，言葉の発達につれて，物の名前のもつ機能が理解できるようになる。そうして，遊びの場面で，自分の玩具とくに人や動物に名前をつけて遊ぶ。また，記憶の発達とともに，できごとを順序よく思い出したり，物語を話すことを楽しんだりもする。ごっこ遊びも，3歳以前に見られるような，現実と想像上のできごとを混合した非論理的なものから，より論理的なものに変化していく。ゲームのなかで対抗意識もあからさまになってくる。しかし，子どもは，他者に配慮することが十分にできないで，思いのままに行動することが多い。大人との遊びのなかでは許されていたわがままは，子ども同士の遊びのなかでは許されず，喧嘩やたたくなどの攻撃を行なうことによって自己主張をする。このような遊びのなかで生ずる行動は，子どもの発達にとって重要なものであるという認識が必要である。喧嘩や競争のなかで多くのことを学んでいくのである。自分と同じように相手にも欲求があること，それらがぶつかったときにどうすればいいのかなどを自分の体験によって，また大人の介入を

通して学んでいく。このような体験をもっていなかった，たとえば過保護な育てられ方をした子どもや同年輩の友だちと孤立して育った子どもが，社会性に欠けるといわれるのはこのことからいわれるのである。また，遊びの集団が異年齢のそれである場合には，年長者から新しい遊びを教わったり，知的好奇心を高められたり，遊びの新しい技能を学習したりするし，年少者からは弱者をかわいがったりかばったりする気持ちが涵養される。

■**6～7歳ごろの遊び**　このころの子どもは，集団遊びが活発化してくるが，集団の編成は流動的である。しかし，孤立はきらっており心のどこかで仲間を求めている。仲間はずれにならないように集団への忠誠を誓ったりする。探偵ごっこ，鬼ごっこなどのいわゆるごっこ遊びが盛んである。

こうした遊びの発達状況は，ファンタジー・プレイ・ボードにおいても，パーツの置き方やその説明，物語の内容などでしばしば示される。すなわち，ボード遊びによって子どもの発達状況が示唆されることが多いということである。

2　箱庭療法的発想

ファンタジー・プレイ・ボードは，箱庭療法の理論や実践例を基盤として製作されている。したがって，このボードを用いて心理査定を行なったり，これを心理的治療に活用する場合には，箱庭療法の基本的理論や技法についての理解が必要である。ここでは，これらについて概説しファンタジー・プレイ・ボードとの関係を検討する。

(1) 箱庭療法とは

箱庭療法とは，砂の入った箱（砂箱）のなかで，さまざまなミニチュ

I. ファンタジー・プレイ・ボードの基礎理論

ア玩具を用いて自由に何かを作って遊ぶことでそこに示されている遊び手の心理表現を理解する遊戯療法の一種である。

- ■砂箱　　内法57×72×7cmの箱の中に，ふるいをかけた手触りのよい砂を7～8分目までいれたものである。箱の内側は，砂を掘ったときに水が出てくることをイメージできるように水色に塗ってある。砂は，山やトンネルなどができる程度に湿らせておく。
- ■ミニチュア玩具　　とくにきまりはないが，砂箱の容量を考えて用意する。治療として使用するときには，市販されている1セットは最低限必要である。それらのものは，人，動物，木，草花，乗り物，建築物，橋，柵，石，怪獣などである。
- ■人　　男女，老若，子ども，赤ん坊などが，また，多様な人種や職種別に，たとえば兵隊，インディアン，カウボーイ，警官，農夫，工事の人，ドライバー，マリアなどが準備されている。
- ■動物　　イヌ，ネコ，ヒツジ，ウシ，トリ，カイ，サカナ，ヘビ，カメ，ワニ，クモなど同種のもの5，6匹，大小そろえて動物の親子，家族が作れるようにする。
- ■植物　　木（大小，古・新木，枯れ木），果樹，ヤシ，花，芝生など。
- ■乗り物　　乗用車，トラック，クレーン車，列車，レール，船，小船，飛行機，戦車，戦艦，救急車，消防車，パトカーなど。
- ■建造物　　家，神社，寺，教会，塔，城，ガソリンスタンド，ビル，駅，門，トンネル，橋など。
- ■家具　　テーブル，椅子，ブランコ，ベンチ，電話機，柵，塀，垣など。
- ■その他　　仏像，十字架，マリア，交通標識，小石，貝殻，おはじき，タイルなど。

ミニチュア玩具は，砂箱の近くの玩具棚にならべて見つけやすいように種類別に置く。

(2) 箱庭療法の進め方

教示は,「ここにあるおもちゃを使って,ここに何かを作ってください」という。多くの子どもは,これだけで了解し,制作にとりかかる。時に,「何かって,何を作るの?」「テーマをいって」などという子どももいる。このようなときでも,療法の目的や意図を説明したり指示を与えることはしない。「好きなように」とか「何でもよい。自由に作ってください」と受容的に応じる。

ただし,砂箱をひっくり返したり,砂を床にばらまいたりするようなときには,治療者の意図に反することであり,インストラクションとも異なる行為であるので,やさしく禁止し,再度インストラクションせねばならない。

作品が完成すると,「この作品で○○ちゃんの好きな場所はどこ?」とか,「この作品に○○ちゃんがいるとしたらどこにいるの?」などと軽く質問することがある。これは,決まった質問ではないが,作品を制作した子どもと作品の相互作用を起こさせるための一技法である。そうすると,子どもは,遊び気分でいろいろ作品について話したり,また,作り始めたりする。

(3) 箱庭療法の発展過程

箱庭療法は,1929年に,ローエンフェルト(Lowenfeld, M.)によって創始された。彼女は,子どもの遊びには子どもの内的世界を十分に表現させることこそが大切であると考え,箱のなかで砂と小さな玩具を用いて,子どもたちに自由な空想の世界を作らせて遊ばせる方法を考案した。そうして,この技法を世界技法(The World Technique)とよんだ。

その後,ローエンフェルト自身は,モザイク・テストを考案して,これに関心を向けてそれを発展させていった。世界技法は,カルフ(Kalff, 1966)に引き継がれた。カルフは,「砂遊び療法」とよび,この療法の治療理論に,ユンク(Jung, C. G.)の分析心理学を取り入れ成人にも効

果のある治療法として発展させた。彼女が，この技法で強調したのは，第1に，患者自身の自己治癒力の存在，第2に，治療者と患者間の母子一体感のような関係の成立，第3に，ユンク心理学の心像（イメージ）の象徴的意味の重視などである。とくに，神話や宗教的体験の過程などとの関係を重視した。

日本には，1965年，河合（1967）によって，「箱庭療法」として紹介された。彼は，カルフの考えを基本にしているが，治療者の早急な解釈は，患者の自由な動きを阻害する危険があるとして，治療者と患者との関係をより重視する。換言すれば，解釈よりもともに作品を尊重し味わうことを強調している。河合の精力的な研究と研修によって，その後，箱庭療法は病院臨床，非行臨床，教育の場でも行なわれるようになった。

(4) 箱庭療法の理論

子どもは，砂箱遊びとして，ひとりで遊んでいても楽しんでいるが，かたわらで親や保育にあたる人など大人がともに楽しんでいることによって，子どもの安心感を高め，一層，砂箱を楽しむようになる。それは，子どもの表情や独語，大人への話しかけなどで理解できる。箱庭でたんに遊ばせるだけでも自然治癒力を高めるが，深い心の問題をもつ子ども，心の深奥で葛藤をもつ子どもたちには，遊びだけでは十分とはいえない。彼らの悩みについて専門的知識をもった人が援助することが必要である。

箱庭療法は，フロイトなど精神分析学派の人々が，遊びのなかに見いだしたように，内面に強い葛藤などの問題をもつ子どもたちの不快な緊張や心的葛藤を，治療者の援助によって低減または解消をはかる遊戯療法の一種として理論化されている。砂箱遊びを遊戯療法のひとつとしてとらえそれを理論化して箱庭療法として体系化したのは，それがこれらの子どもたちの心理療法としての有効性が認識されたからである。

箱庭療法の治療理論について，ここでは，ユンク心理学を中心に，無意識と自己表現，イメージと作品，治療者と制作者との関係について紹

介する。

a．無意識と自己の象徴的表現

ユンクは，無意識をはっきりと意識される形で自我とつながりをもたない心的内容や心的過程の総称と定義している（Jung, 1921）。そうして，意識はもろもろの心的内容が自我にたいしてつながりをもち，かつそれがつながりとして自我に感じられる場合のそのつながりをさすとしている。意識されない無意識の心の問題は，実証することはできないが，本人が思い当たる問題がないのに，ストレス反応（うつ病など）が生じて苦しむ患者の面接を通じて想定された説明概念である。ユンク心理学では，この想定された無意識の働きを重視し，心の構造を図Ⅰ-1のように仮定したのである。

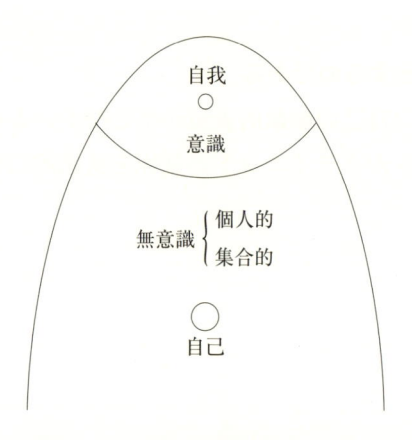

図Ⅰ-1　ユンクの心の構造（岡田，1985）

　図からもわかるように，ユンクは，意識の底に無意識があるというフロイトの仮説に従っているが，フロイトと異なるのは，無意識のなかに個人的無意識と集合的無意識があるという仮説である。彼の個人的無意識とは，個人によって忘却されたもの，抑圧されたもの，識閾下で知覚され，考えられ，感じられたものなど，個人が取得したものすべてである。これにたいして，集合的無意識とは，人類，民族に共通した知覚，

思考であり，これらは遺伝的に人類や民族に継承されるものである。それは，地理的に交渉のない民族間に存在する神話の主題や内容の類似性によって証明されるとしている。彼は，このような意識を越えた無意識の働きの中心を担うものを，自己（self）であるとしている。自我は，意識の中心であり現実的な行動の担い手である。人格は，この自己を中心に，意識と無意識とを含んだものであると考える。したがって，自己は自我を越える存在で，意識と無意識を含む心の全体性，統合性を示す機能をもっているのである。つまり，自己は，自我が発展していくための母胎でもある。

ユンクの人格理論に従えば，自己そのものは，無意識の中心にあるのであるから，これをみずから知ることは困難であり，自己理解には，自己の象徴的表現（夢，イメージ）などをとおしてその働きを意識化することが重要であるとするのである。

箱庭療法は，この自己の象徴的表現が生じやすいように砂や玩具を用意して，セラピストがクライエントの制作を共感的に味わったり解釈したりするのであるといえる。

このことは，箱庭の制作過程で考えると理解できる。箱庭療法を始めるときは，意識してみずからテーマを設定しているが，制作を始めるうちに，「自分では思ってもみなかった作品になった」ということもあるのである。たとえば，「自分がいけない子だから，お父さんがひっぱたくのだ」といっていた，父から虐待を受けていた子どもが，箱庭の作品で激しい戦闘場面を作るなど，父への攻撃感情を表象的に表現していたりする。このような自己表象は，治療者とクライエント間の相互交流のなかで，クライエントに生じた安全感からなされるのである。このような安全感がなければ，自由な発想ができないし，作品制作に没頭もできない。無意識から生ずる自己表象は，自由な発想と制作への没頭が必要なのである。クライエントが無意識にかかわる状況として，岡田（1985）は，「治療者と患者との間に，心的エネルギーが相互に作用し合い，あ

る期間保存され，その時が来るまで暖められた時である。その時，無意識から自己表象は，イメージ化され意識へ投影されて来る。これこそ無意識からの創造である」と述べている。つまり，砂箱に表現される作品は，クライエント独自の内的世界の表現であると考えるのである。

b．イメージと作品

ここでいうイメージとは，ユンクのいう「外的客体の知覚とは間接のつながりしか持たない空想像である。無意識と意識，内界と外界の交錯するところに生じたものを視覚的な像としてとらえたもの」である。

換言すれば，イメージは，無意識の独立的な活動から生まれた視覚的な像である。そうして，その視覚的な像は，無意識的なことを象徴化しているということである。このことに関して，岡田（1985）は，「イメージとして浮かぶことは，意識と無意識との接点に生じ，外的な静止した事物とちがう性質を持つ」と述べ，それらには次の4点の特徴をもつと述べている。

①具象性：言葉よりも具体的事物（象徴的事物）によって示される。
②集約性：イメージは，いくつもの意味を集約して表れる。
③直接性：イメージは，言語表現よりも具体的であるだけに，より直接的に伝わる。
④力動性：イメージは，常に動き，変化し続ける。

箱庭療法における人格理解や治療過程の理解において，イメージのこうした特徴を念頭において作品を分析する必要がある。

3 TAT（主題統覚検査）的発想

前にも述べたように，ファンタジー・プレイ・ボードは，投影法のひとつであるTAT（Thematic Apperception Test）の手法をも取り入れて，心理査定を行なうことを志向している。そのために，ここでは，

TATの理論と方法などについて簡略に触れておきたい。

(1) TATとは

　TATは，マレー（Murray, H. A.）を中心とするハーバード大学一派によって開発された人格の深層を理解する技法である。テストの材料は，29枚の絵が描かれた図版と1枚の白紙図版から成っている。29枚の絵の描かれた図版は，形は描かれているが曖昧で見る人によっていかようにも意味づけ可能なものである。ファンタジー・プレイ・ボードに描かれているイラストも，それを見る子どもによっていかようにも意味づけられるという点で共通性がある。30枚のうち11枚は共通図版で，どのような人にも使うことができる。残りは，少年，少女，成人男子，成人女子など，対象によって使い分けるようになっている。また，図版は比較的日常に近い絵（第1系列）と非現実的で多義性の高い絵（第2系列）とが含まれている。

(2) TATの進め方

　テストを実施する際に，「これから何枚かの絵をお見せします。ひとつの絵について自由に連想して物語を作ってください。この絵の前にどういうことがあったのか，今どのように感じたり考えたりしているのか，そうして結末はどうなるのかなど，自由に物語を作ってみてください。時間に制限はありませんが，だいたい15分ぐらいを目途にしてまとめてください」と教示する。テストの実施は2回に分けて1日以上の間隔をあけて行なう。第1回目は第1系列の図版を行い，第2回目は第2系列を行う。

(3) TATの分析と解釈

　物語の人物およびその行動に被査定者の深層心理が投影されていることを仮説にして各図版を分析し，被査定者の心理の，観察できない深層

表Ⅰ-2　欲求と圧力のリスト（木村，1995）

〈欲求〉
- A　対人関係（interpersonal）
  - 親和（affiliation）
    - 家族的親和（family）
    - 友好的親和（associative）
    - 異性的親和（sexual）
  - 性（sex）
  - 養育（nurturance）
  - 援助（succourance）
  - 顕示（exhibition）
  - 承認（recognition）
  - 支配（dominance）
  - 拒否（rejection）
  - 攻撃（aggression）
    - 感情的（emotional）
    - 社会的（social）
    - 反社会的（asocial）
  - 敬服（deference）
  - 模倣（similance）
  - 伝達（exposition）
- B　社会関係（social）
  - 達成（achievement）
  - 優越（superiority）
  - 獲得（acquisition）
  - 保存（conservation）
  - 保持（retention）
  - 秩序（orderlines）
  - 組織（organization）
  - 構成（construction）
  - 理知（understanding）
  - 認知（cognizance）
  - 遊戯（play）
  - 変化（change）
  - 興奮（excitance）
  - 飲食（nutriance）
  - 官能（sentience）
  - 無活動（passibity）
  - 自罰（intragression）
- C　圧力排除
  - 自立（autonomy）
  - 自由（freedom）
  - 抵抗（resistance）
  - 反社会（asocial）
  - 対抗（counteraction）
- D　防衛逃避
  - 防衛（defensiveness）
  - 不可侵性（inviolacy）
  - 劣性回避（avoidance of inferiority）
  - 非難回避（avoidance of blame）
  - 危害回避（harmavoidance）
  - 屈従（abasement）
  - 隠遁（seclusion）

〈圧力〉
- A　対人対関係
  - 親和（affiliation）
  - 養育（nurturance）
  - 性（sex）
  - 援助（succourance）
  - 敬服（deference）
  - 褒賞（gratuity）
  - 支配（dominance）
  - 拒否（rejection）
  - 攻撃（aggression）
  - 競争者（rival）
  - 獲得（acquisition）
  - 保持（retention）
  - 伝達（exposition）
  - 模範（example）
    - プラスの影響（＋）
    - マイナスの影響（－）
  - 認知（cognizance）
  - 承認（recognition）
- B　環境
  - 災害（disaster）
  - 運命（luck）
  - 不幸（affliction）
  - 欠乏（lack）
  - 支持喪失（insupport）
  - 強制課題（imposed task）
  - 単調（monotony）
- C　内的
  - 挫折（frustration）
  - 罪（guilt）
  - 身体不全（physical inadequacy）
  - 心的不全（mental inadequacy）
  - 身体危険（physical danger）
  - 疾患（illness）
  - 死（death）

を分析しようとする。

　分析の基準は，臨床心理査定者によって異なるが，一般的には，対人関係や社会関係における欲求とこれを阻止する圧力の存在の有無，そして，圧力に対する解決様式や自我防衛機制などに関するチェック・リストを使用している。そうして，そのチェックされた結果がどのような意味をもつのかなどを分析し解釈する。参考までに，木村（1995）の作成した欲求圧力のリストをあげると表Ⅰ-2のようになる。

　これらのリストと照合して，必要な要因つまり今現在の時点で被査定者はどんな欲求とどんな圧力をかかえているのか，それに対する対処法として，どのような行動または防衛機制が取られているのか，結末や未来展望はどうかなどを分析する。

Ⅱ ファンタジー・プレイ・ボードの実際

1 ファンタジー・プレイ・ボードの特徴

　ファンタジー・プレイ・ボードは，箱庭療法の技法やTAT（主題統覚検査）の技法を取り入れ，これを統合して作成した新たな遊びを中心とした検査法でありまた治療法である。この開発に携わったファンタジー・プレイ・ボード研究会は，これが幼児の心理査定や心理療法に適用可能かどうかについて事例研究を重ねてきた。

　その結果は，次のようなものであった。

　箱庭療法との関連でいうと，心理査定としては，ほぼ箱庭療法の場合と同様に，無意識界の自己と意識界の自我の交流や調整など人格の全体的構造とその機能の状態が，ファンタジー・プレイ・ボードに表現されることを見いだした。その際，より重要な刺激となるのは，第Ⅰボードの池を想像するようなイラストや砂場のイラストである。このふたつのイラストが，無意識の心的過程や心的葛藤をイメージ化し，意識化しやすい刺激である。また，ただピースを適当なところに置くというだけでなく，話を作るということで，欲求・圧力・気分・感情，解決法，未来展望などが，より具体的に分析できることも明確になっている。箱庭療

法では話を作ることが意図されていないことを考えると，診断面においてファンタジー・プレイ・ボードが，より優れたものと考えられる。治療的側面においても，箱庭療法とほぼ同様の展開つまり自我の発展過程が見られるように思われる。特徴的なのは，パーツ（玩具）を立てて頻繁に動かし，感情やエネルギーを発散させているケースが，4～5歳の年長児に多かったことである。動物が第Ⅰボードから第Ⅱボードへ移ったり，ブランコしたり，池に入ったり，そこへ友だちの動物が来るなど，みずからピースを持っていって動かすのである。これは，ひとり芝居のようでもあり，心理劇のようでもあり，物語に没頭するなかでカタルシス作用がより行なわれているように思われる。

　TATとの関連でいうと，ファンタジー・プレイ・ボードでは，知的・言語的発達が未熟な段階にある幼児が容易に連想して物語を作れるように，1枚のボードはより生活に密着した台所，居間，浴場，家の外の風景が描かれている。これは，TATでいえば第1系列に近い。ほかの1枚は公園ふうである。居間や台所など，やや日常性から離れている。TATでいえば第2系列にあたるが，TATのように非現実の世界ではない。また，TATと異なり，2枚のボードは同時に使用してよく，1枚1枚示されるものではない。大多数の子ども（われわれの調査では，118人中70人）は，2枚とも用いて，ボードⅠからボードⅡ，あるいはⅡからⅠへとミニチュア玩具を移動させて物語っている。たとえば，「ウサちゃんは，お母さんとお父さんと食事していました。そこへワンちゃん遊びに来ましたので，外へ出て（動かす）公園に行き一緒にブランコしていました。そしたら，ワンちゃんがブランコから落ちて泣きました」（5歳女子）というように物語るのである。物語には，TATの分析に用いられる欲求，圧力，問題解決様式，結末，未来展望などが含まれてくる。したがって，TATと同様の分析基準で人格理解が可能と考えられる。ファンタジー・プレイ・ボードを用いて人格理解をするときに，箱庭療法の際に行なうものとTATを実施したときに行なう解釈方

法を応用することによって，人格をより多面的かつ力動的に理解ができる。

② ファンタジー・プレイ・ボードの進め方

　ファンタジー・プレイ・ボードをたんなる遊びに終わらせることなく，子どもの人格理解や心の成長を援助する遊戯療法とするためには，次のような条件を備えなければならない。

(1) 実施場所の確保

　プレイルームの一角でもよいが，可能なら，プレイルームとドアでつながった出入り自由のファンタジー・プレイ・ボード専用のルームを準備したい。

　いずれにしても，子どもたちがプレイルームで遊んでいるうちに，ファンタジー・プレイ・ボードに興味を示し，遊び感覚で自分からこれをやりたくなるような雰囲気をもつ場所を確保することである。そして，ファンタジー・プレイ・ボードで遊んでいるときは，その子どもの保育に携わっている人（以下保育者という）以外は，この遊びに加わったり，邪魔したりしないようにする。また，騒音などのない静かでリラックスできる場所の確保が望ましい。しかし，このような場所の確保が困難なときは，子どもが慣れ親しんでいるルームであれば実施可能である。

　われわれの研究メンバーが試行した場所は，保育園長室，保健室，幼児のプレイルームの一角などであったが，子どもたちは，いずれにおいても抵抗なくファンタジー・プレイ・ボードに取り組んでいたという。

　ファンタジー・プレイ・ボードの実施場所には，その用具一式を置く棚が必要であるし，実施の際にボードをのせるテーブルと椅子2脚が用意されねばならない。

(2) 子どもとともにファンタジー・プレイ・ボードを楽しむ保育者などの確保

ファンタジー・プレイ・ボードは，一見，子どものひとり遊びのようにも見えるがそうではない。このボードで遊ぶ子どもとともに，その遊びを味わい，子どものファンタジックな表現に共感し，子どもに安全を保障する保育者またはセラピストの確保が必要である。いずれにしても，保育者やセラピストは，ファンタジー・プレイ・ボードに精通したものでなければならない。

(3) プレイ時間の確保

プレイ時間は，制限はしないが，1回につき15分から30分位で行なう。この15分から30分位のプレイ実施中は，第三者の介入のない，静かなときでなければならない。

これらの条件がそろって初めて，ファンタジー・プレイ・ボードが実施可能になるが，さらに重要なのは，このボード遊びに喜んで参加する子どもの存在である。このボード遊びに興味を示さずむしろいやがる子どもには，実施を避けなければならない。これを実施しようとする保育者やセラピストには，このボード遊びに興味をもたせ積極的に参加するようなインストラクションや子どもとの信頼や安全関係の構築が要求されるのである。

(4) 準備

ファンタジー・プレイ・ボード実施前に行なうことは，次のようなことである。

まず，用具，机，椅子の確認をする。とくに，パーツの汚損，枚数不足などがないようにしておく必要がある。一つひとつのパーツは，それが大きくても小さくても人格理解や治療法としてそれぞれに意味をもっている。パーツの差し替えは，遊具全体のバランスを失う危険がある。

次に，時計を準備する。ストップウォッチのようなものは必要ない。むしろ，ストップウォッチを使ってテストを行なうときのように時間を計ることは，子どもに緊張を与える。腕時計や置時計などで，さりげなく実施に要したおよその時間を計れるような態勢を作ることが重要である。

最後に，遊び場に危険物がないかどうかを点検する。子どもは，遊びの世界に没頭し，現実と非現実の識別がつかなくなり，危険物を遊具に加えて，危険な遊びをすることが時に起こるからである。

(5) 遊びの開始

一緒に遊ぶ保育者（セラピスト）は，子どもの左側に位置する。そうして，次のように遊びを誘い遊具を示す。

「○○ちゃん。これからこのボードで遊んでみない？」と優しく誘い，子どもの反応を見る。子どもが拒否しなければ，「ほら，ボードにはいろいろ絵が描かれているでしょう。このボードの上に，ここにあるいろいろのものを好きなだけ使ってお話を作ってちょうだい」と遊びをうながす。この時から時間を計る。ファンタジー・プレイ・ボード研究会の調査では，多くの子どもは，この遊びに興味を示し抵抗なくすぐに取りかかっている。

しかし，なかには，緊張してすぐには取りかからない子どももいる。このような子どもには，「遊びだから何でも好きなように使って遊べばいいのよ」などといって緊張を和らげる。また，「お話作るのむずかしいなー」とか「お話できない」という子どももいる。そのような場合には，「お遊びだからお話作るのいやだったら，お話にしなくったっていいのよ。これらのものを使って好きなように遊んでほしいの」などといってさらに誘うようにする。

(6) ファンタジー・プレイ・ボードを実施する保育者（セラピスト）の態度

かつて，ロジャーズ（Rogers, 1951）が，カウンセラーの態度として，①受容的，②共感的，③純粋なという3つの態度が必要であると述べている。ファンタジー・プレイ・ボードを実施する場合においても，こうした3つの態度が必要である。

受容的態度とは，セラピストが，クライエントに無条件の積極的関心を示し，クライエントのもつあるがままの心を受け入れることである。たとえ子どもが問題行動的発想をしたり，問題行動そのものを行なったとしても，これを批判的に見たり拒否したりするのではなくて，子どもがそうした行動を取らざるを得ない心情を理解し受け入れようとする態度である。この態度は，クライエントの話や訴えを一生懸命聴くことからまず始まる。

共感的態度とは，クライエントのもっている喜び，悲しみ，怒りなどの感情を，カウンセラーがクライエントとともに感じ合おうと努力する態度である。この態度は，受容的な態度が基盤になければ生じがたい態度でもある。たとえば，子どもが盗みをしたときに，「盗みなんかする子は，わが子ではない！」などと怒鳴るのではなく，盗みを犯したわが子に積極的関心をもち，その盗みに走らざるを得なかった子どもの種々の葛藤，悩み，苦しみなどを受容し自分も子どもと同じ感情を体験できるような態度である。

純粋な態度とは，一般的にいえば，カウンセラーがクライエントの発言に一生懸命に耳を傾け，これを受容，共感しようと努力することは重要であるが，カウンセラーにもさまざまな感情が生じて受容，共感できないことも時折生ずることがある。このようなとき，カウンセラーは，表面的に受容，共感した「ふり」をすることは避けて，自分自身の心情に純粋な態度をクライエントに示すことが大切であるというのである。

これらの態度は重要な態度であるので，そのそれぞれについて，より

具体的な例をあげて次に説明しておく。

　受容的態度：子どもの自由な遊び（物語を作りながらパーツを使用する）をときにうなずいたりしながら一生懸命聴く。完結した物語ができなくても無理に作らせない。子どもが，ただたんにキャラクターをボードに置くだけであっても，そのままうなずきながら見ているが，時に「うん，ブタさんは滑り台に置くのね」などとその行動を受け入れる。

　共感的態度：子どもが，遊び相手をしている保育者に顔を向けて何らかの反応を求めてきたときに，それがどんな言葉や行動であっても可能な限り受け入れ子どもの気持ちになりきるように努力する。非難したり，禁止したりしない。

　純粋な態度：概していえば，次の3場面で保育者は純粋な気持ちを伝えることになる。①子どもの言葉や動作の意味が理解できないときである。このときは，優しく質問して子どもの真意について理解を深める。②長時間黙っていて，保育者が気がかりになってしまったようなときである。このときは「どうしたの？」とか「何を作っているの？」などと，自分の気持ちを適当な言葉で投げかける。③子どもが強い興奮状態に陥ったり，感情的になったときである。このときは，カウンセラーがもっとも苦慮するときでもある。自由で許容的な遊びを奨励していることもあり，また，治療的には感情発散が必要でもあるからである。しかし，他方，過度の興奮や感情の発散は，身体的な危険を招くこともある。どの段階で禁止をするべきか判断に惑うこともある。そのようなときの対処の仕方としては，可能な限り興奮や感情発散を許容することが大前提であり，保育者が子どもの身体的危険を察知したときには，「あらあら，お話がつい本気になってしまったね。けがをすると大変だから，この遊びはやめましょう」などといって中断することもあり得る。

（7）遊びの終了

　保育者のほうから遊びを中断またはやめさせることは，ごく稀のこと

である。一般的には，子どものほうから「もうやめた！」「これでおしまい」という言葉を発したり，子どもが遊びの場から離れていくことになる。この時点をとらえて，「それじゃあこの遊びは終わりにしましょう」とか，離れていく子どもには「もうこの遊び終わりにしていいの？」などといって子どもの気持ちを確認したうえで終了とする。遊ぶ時間の制限はない。

次回も継続する場合は，「また遊ぼうね」などといって継続を知らせる。保育者は，子どもが立ち去ったあとに，子どもが作った物語の内容や使用したパーツ，終了時の写真などを記録しておく。

３ ファンタジー・プレイ・ボードに表れた作品の分析と解釈

精神分析学者は，人格の構造として，表層部の意識界と深層部の無意識界とを考える。意識界では，見たり，聞いたり，感じたり，考えたり，決定したりする認知的な働きをつかさどる。無意識界では，本人が気づかない原始的衝動，性的欲求や性的欲求不満，そのほかの葛藤，敵意，攻撃心などが煮えたぎっていると考えられている。同時に，これらの衝動や欲求不満を表出することは，社会的に許されないことと無意識的に強く抑圧されてもいるのである。無意識の世界は，本人に意識化されることがないので，言語化することもできない。しかし，これらの無意識的に強く抑圧されていることがらは，イメージとして夢や描画などで表現されることがある。そうして，それは直接的な表現ではなく，象徴的な表現として表れると考える。さらに，このような象徴的表現を分析してみると，これら抑圧された敵意や葛藤の多くは，子どもの幼少期においての母子関係のなかで生じたものであるとも指摘している。

ファンタジー・プレイ・ボードの作成にあたったわれわれ研究会も，このボードの作成過程の研究段階で，このような精神分析的な分析や解

釈が，子どもの深い理解に有効であることを確認している。ここでは，精神分析的なアプローチによる人格の理解の方法について説明を加える。とくに，人間の心の意識面と無意識面を構造的に分析したうえで，人間の全体性や固有性を理解しようとする立場を採っていきたい。

(1) 意識面における分析

人を殴る，跳びはねる，食べるなど人間のさまざまな行動の大部分は，意識された状態で行なわれる。このような意識界で意識され動機づけられた行動は，行動者自身も言語化しやすい。ファンタジー・プレイ・ボードでも，物語の作成，パーツの配置などで自分自身に納得のいく説明をしている。ところが，後述する無意識界でイメージ化された表現では，「なぜだかわからないけど，小犬さん怒っているの」とか「どうしてここに木を置いたのかわかんない」などといって，本人が説明できないことが多い。

意識界での心の働きについては，以下に述べるような観点から分析する。
a．物語の全体的な内容・テーマとその進行状況からの分析

空間的・時間的広がりを分析する。全体的テーマとして一般的に多いものは家庭，保育園，幼稚園などの日常生活や友達関係，親子関係などである。ここでは，そうしたテーマが，プラス志向的かマイナス志向的か，それがどのように展開されていくのか（未来展望），その間に見られる欲求と圧力やその解決法などが示されていれば，すべて分析する。

ここで留意すべきことは，同じテーマがくり返されている場合や，ひとつのテーマでも強烈な感情や行動をともなって表現されている場合である。このような場合は，子どもが今ここでもっているもっとも強い関心や感情の表れであることがあるということである。物語であってもそこに子どもの気持ちが，直接に投影されていると考えられるからである。そうして，そのような認識のもとで，どのような関心や感情がどの対象に象徴的に示されたかを明らかにしていくことが重要である。

さらに，それらの関心や感情が，物語のなかでどのように発展していくのか，あるいはそのまま発展しないでいるのか，またそれらは現在より悪化していくのかなどを検討して，子どもの認知の状況とその広がりの方向を理解していくことが必要である。これは，その子どもの行動予測ともつながっていくのである。たとえば，子どもの作品に，破壊的，攻撃的ストーリーが執拗にくり返されるような場合，それがたんなる遊び感覚で，年齢相応におもしろがってやっているのであれば，とくに問題はない。しかし，それが心の深層の葛藤から生じたものであれば，問題として取り上げそれに対処することが必要になってくる。

b．使用されたパーツによる分析

　動物，植物，家財などさまざまなパーツのうち，どのパーツが使用されたかによっても子どもの関心や対象関係を理解できる。子どもは，動物を擬人化していとも簡単に人間扱いする。そうしたなかで，子どもは自分の家族関係，友人関係，保育園や幼稚園関係を象徴化して表現する。もちろん，それぞれの関係は，現実の状況でもあるし，希望的状況でもあり得る。その表現が，意識レベルのものか無意識レベルのものかの判断は，ボード遊び中の子どもの言語的表現や表情・行動などを総合的に解釈・観察して，まずは仮説的に理解することになる。この際留意すべきことは，これらの分析・解釈は，あくまで仮説的に行なうことであって，断定は避けねばならない。仮説的というのは，「……かもしれない」ということであり，これをたしかなものかどうかを確定するためには，ほかの心理テストを実施してみたり，生育史，現実の生活状況などと照らし合わせて，総合的かつ全体的にとらえて自分の行なった仮説的分析や解釈を裏づけていく努力が必要である。

（2）無意識の分析

　無意識は，本人が気づかない心的内容であるが，意識界と無意識界の交錯したところで，夢に見るというような形で視覚的イメージとして出

現することがある。ファンタジー・プレイ・ボードは，箱庭療法や描画療法の場合と同様に，こうした無意識界の内容を，その作品にイメージ化させる場を与えているように思われる。無意識のイメージ化は，物語においては，本人にも理由づけることのできない言い間違いとして，また，物語の進行と関係のないことがらや言葉が挿入されたり，物語の内容に非日常的なことがらや非現実的なことがらが現れるという形で行なわれる。無意識の概念やそこから出てくるとされるイメージは，検証することはできないが，ケース研究を進めるなかで，作品や物語のなかで表現されることがらを，無意識界の心的葛藤の表現であると解釈するのが妥当であると考えられるケースが多々見られた。また，それらの解釈が，保育者の観察や認知と合致することもしばしばであった。

(3) ファンタジー・プレイ・ボードにおける表現からの分析

ここでは，これまでになされてきたケース研究の実績を踏まえて，ファンタジー・プレイ・ボードの実施で得られたデータをいかに分析し解釈するかについて解説を加える。

ａ．全体的印象の把握

ボードⅠには，中央に回転遊具，左上にブランコ，右上にかまくら風氷室，左下に水場，右下に砂場のイラストがある。これらの部分をそれぞれひとつの領域と考え，どの領域が中心的に用いられているか，領域間に相互交流があるのか，それらの領域でいかなるパーツが用いられているかなどについて，プレイを観察しながら全体的印象としてその子どもの特徴を把握する。バランスよく各領域が使われているかどうか，パーツの偏った使用の仕方があるかどうか，遊びが縮こまっていないかどうかなどが手がかりになる。

ｂ．各領域に着目した分析

普通の子どもでは，遊びはイラストに誘発されてまたイラストに即応して行なわれる。たとえば，和室や室内にベッドを配置するというふう

にである。しかし，なかにはベッドを庭や屋外に置く子どももいる。このようなケースでは，奇想天外な創造的発想をもっているのではないか，発達が低い段階にとどまっているのではないか，何らかの心的葛藤がそこに表れているのではないかなどを推測することになる。

■ブランコ　これを好きといって選択するのが一般的である。本人がきらいといって，あるいは，つまらなそうに選択する場合がある。このような場合には，ブランコへの，さらには活動への恐怖と好奇心という両価的感情を意識あるいは無意識界にもっていることや，内面の不安定性のイメージ表現とも考えられる。子どもの内的世界をともに味わう手がかりを示唆しているので留意する必要がある。

■かまくら風室内　これは冷たい家庭の無意識的象徴としてとらえられることがあるが，この解釈はこの領域の利用の仕方と関係している。かまくらのなかで暖を取り団らんしているような場合には，2つの解釈ができる。ひとつは，現実に体験している円満で快適な家族関係を遊びとしてイメージ化したものと解釈する立場である。ほかのひとつは，現実に体験している冷たい居心地の悪い家庭環境にたいするアンチテーゼとしての，かくありたいという無意識の願望が表現されていると解釈する立場である。また，1匹の小犬や子ブタがポツンと置かれるような場合には，家庭内での孤独感，さびしさなどの心象表現である場合が多いし，そのように解釈して誤ることは少ない。また，このようなケースでは，小犬がかまくらのなかで何をしているのか，どちらを向いているのかなどで，そのエネルギーの方向を理解できるし，ほかのパーツの動きによって小犬に投影された自己と他者との対象関係が理解できる。

■水場　この水場は池ともプールとも見えるが，金魚が泳いでいたり滑り台が入っているなど，ファンタジックな水場である。水場は，子どもの好きな所である。ジャブジャブ足を入れて水の感触を楽しんだり，魚採りをしたがる。このイラストは，子どものこうした好みや習

慣を念頭において作られたものである。したがって，この水場の領域は，子どもを退行させやすい刺激図と思われる。子どもたちのプレイのなかでの様子を見ても，このことが実感できる反応の仕方である。退行してあたかも母胎の羊水のなかで安全を待っているような心象イメージが現れたり，水場を横切ったりする動物によって，エネルギーの方向性を示す反応が生じたりする。動物の移動は，上下左右の方向によって空間象徴論の立場で解釈することが多い。

　空間象徴論とは，コッホ（Koch, 1952）が樹木画で「十字の象徴的表現」と述べて空間の象徴的意味を解釈したものである。描く空間を図Ⅱ-1のように4分割して，その空間のどこに絵が描かれるかによって象徴的意味が異なって解釈される。たとえば，空間の左方は過去や母性を右方は未来や父性を象徴し，また，上方は意識を下方は無意識を象徴すると考える。コッホの作成した空間図式に他の表現学的知見を参考として，林ら（1970）は次の図Ⅱ-1をバウム・テストの解釈に使用しているという。筆者はこれをファンタジー・プレイ・ボードにも活用することができると考えている。

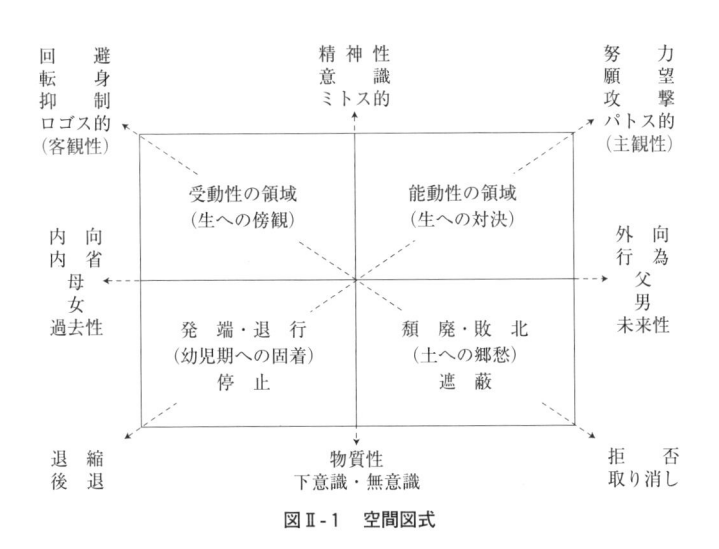

図Ⅱ-1　空間図式

したがって，空間配置は，水場だけでなく次の砂場の動物の動きや全体のボード上での配置移動などからも，子どもの無意識の内的世界の理解が可能と考えられる。

■砂場　　これは，箱庭療法の砂箱にあたる。子どもは砂遊びも好きである。実物の砂場ではないイラストの砂場でも，あたかも実物の砂場であるかのようにここで遊ぶ。ここでも，空間象徴論の立場からの人格理解が可能である。その他親子関係のあり様が投影されやすい。氷室の場合と同様に，子どもにあたる動物が1匹で遊んでいるような場合，母子間の情緒的絆の希薄さ，愛情欲求の強さ，愛情欲求不満などがイメージ化されていると理解して，ほとんど間違えることがない。砂場に固執し，それから離れようとしない場合にはとくにそうである。

■植物と動物　　ボードⅠは，公園ふうであるために，さらに大小さまざまな大きさの木々を追加する子どもも多い。このような場合，ボードに不釣り合いな大きな木を意味のない所に置くなどに注目する。このような作品は，その子どもの無意識の世界に抑圧されていた何らかの本能的・衝動的欲求が，象徴的に大きな木を使用するという形で意識界に現れてきていると考える。この点については，カルフ（Kalff, 1906）が「自我」の発達過程を①動・植物の段階，②戦いの段階，③集団への適応の段階に分類している。彼のいう動・植物の段階とは，無意識内に閉じ込められた本能的・衝動的な生命の動きが，意識界に動・植物という形をとって現れてくる段階である。これが，人格の統合をめざした戦いの段階を経て，最終的に集団への適応の段階へといたると考えられている。

　ファンタジー・プレイ・ボードにおいても，ある子どもは，動物のパーツを用いてカルフのいう3つの段階を，1回の物語のなかにすべてを表現していた。ボードの遊びのなかに無意識のエネルギーが表出され始め，これを抑制しようとする自我と，自我発展のためこれを表出させ人格を統合しようとする自己の戦いが動物間の喧嘩などの物語

として現れ，最後に両者が和解する（統合の段階）という結末で終了した。ほかの子どもでは，動・植物の段階で終わったり，戦いの段階で終わったりもしていた。これらのことからは，無意識のエネルギーの表出がどの段階で抑圧され終了しているかを知ることによって，子どもたちの「自我」の発達の水準を知ることも可能である。

■家具　　家具の使用は，主として家族である。遊びのなかで使われた家具を，家族のなかのだれが使っているか，家具の向きがどうであるかなどによって，その家具を使っている人の関心や内面の問題や家族間の関係を分析することになる。また，家具の象徴的な意味を考察することによって，家具を使用している人やその人とかかわっている人の意識的また無意識的願望や欲求を理解することが可能である。

■日用品　　日用品としてさまざまなパーツが用意されている。小さいパーツが多いので，2，3歳位の年少児では，無秩序にあれこれとすべてのパーツをボードの上に置こうとする傾向がある。このような状態を示すより年長の子どもたちでは，その子の発達の程度を推測することができる。また，一応の物語を作りながらパーツを置いていく場合には，そこに出てくる登場人物の現実の状態あるいは象徴的な意味をもった形での願望が示されている。

■食べ物　　これは，テーブルに2，3種置くのが一般的な反応である。これがテーブルからはみ出て置かれるとか，テーブル以外の砂場，水場などに置かれた場合には，しばしば，母親への愛情欲求が十分満たされていない口唇期固着の状態にある心象イメージの表現と解釈できる。

■衣服・履物　　これは通常の生活での必需品であるのでほとんどすべての子どもが必ず使うパーツである。しかし，これに対する過度のこだわり，たとえばマフラー，ハイヒール，帽子などの強調は，劣等感の補償を意味すると解釈される。ただし，マフラーを手ぬぐいとして使用している子どもも散見された。この場合には別の解釈がなされる

ことになる。

■乗り物　このパーツは，その移動の方向や使用頻度などから，活動性や内的エネルギーの流出方向が示されていると解釈される。

■スポーツ用品　このパーツの使用は，活動性や攻撃性の象徴であると考える。

■園芸用品　スコップを使う，ジョウロで水をやって育てるなどの話の筋書きでは，自分自身を掘り起こす，人格を統合しようとしているなどと解釈される。また，直截的に，本人の優しさやいたわりの気持ちの表出とも解釈される。

■楽器，テレビなど　これらのパーツへの過度のこだわりは，心の平安を求めていると解釈される。

■扇風機とストーブの同時使用　これは強い心的葛藤の現れと解釈される。しかし，暖かい空気を循環させるために扇風機とストーブを同時使用している場合は，この限りではない。

■洗濯機，掃除機，歯磨き　これらの強調は，不快物の除去，欲求不満の発散あるいは攻撃性の表現と解釈される。

■ハサミ，アイロン　このパーツの強調は，内的に存在する敵意や攻撃性の表出と考えられる。また，虐待などに対する恐怖心の表出である場合もある。

■時計　時間的展望や計画性の有無と関係して解釈される。

■書物，クレヨンなどの学用品　知的関心・欲求の有無と関係して解釈される。

■バッグ　所有欲求や愛情欲求と関係して解釈される。

　以上，それぞれのパーツが，心象イメージとしておもに用いられる可能性を示したが，これらだけに限定されるものではない。子どもの内的世界は，ステレオタイプなものではなく，豊かで個性的なものである。それぞれの子どもが，ミニチュア玩具であるパーツをどのようなときにどのように使うのかもきわめて個性的で個別的である。全体的な物語の

流れやパーツの配置，置く順序などによって総合的に検討し解釈する必要がある。

(4) 作品の総合解釈

ファンタジー・プレイ・ボードにおける物語や子どもがいろいろのパーツを置いて完成した最後の作品によって，子どもの人格を総合的に解釈するには，専門的知識と経験を要するので，軽々しく診断を下したり決めつけたりすることは避けなければならない。

このことを前提にして，総合解釈をするにあたっての視点をあげておきたい。

①物語の展開の流暢性：物語の展開が過去，現在，未来について，明確かつ論理的に述べられているか，どこかに混乱がないかなどを検討する。

②主題：主題は，ストーリーの全体の流れ，使用パーツの数，占有している空間などから判断する。判断不能のときは，「○○ちゃんがいるとすれば，どこ？」とか，「これは何？」などと，軽く質問してみる。ただし，強制して正解を出させるようなものではない。無意識界の表現は，本人でもわからないで作品化しているものであるからである。

③総合性：作品から得られる全体的印象を，作り上げた子どもの気持ちを共感的に感じ取りながら味わう。そのポイントは，分離，粗雑，貧困，機械的で固定的要素の多少（動くものの使用）などである。

④空間配置：作品化されているいろいろの場面の相互の空間配置の関係は，エネルギーの方向などをとらえて人格を理解する。

4 ファンタジー・プレイ・ボードと治療

(1) ファンタジー・プレイ・ボードの治療的意義

　遊びのなかで創造性を涵養(かんよう)できたり，不快な気分を発散させて感情の浄化を図れた，また，そのなかで新しい洞察を得たというようなことは，だれでもが経験していることである。健康な人は，ストレスへの対処法として遊ぶことを選択して，その重圧から解放される。遊びには，自然治癒力を高める治癒の推進的要素が含まれている。とくに，小さな子どもたちにとっては，遊びのなかで得られるものははかり知れないものがある。

　しかし，ストレスが強くて普通の遊びだけでは心的葛藤が解消されない子どもたちや自然の遊びができない子どもたちには，ある意図をもった構造化された遊戯療法が用いられる。遊戯療法の一技法である箱庭療法も，強い心的葛藤をもつなど問題をかかえる子どもたちに高い治療効果をもっているということが，多数の臨床例によって実証されている。治療としての遊びは，ただたんに，遊ぶということだけでは成立しない。問題の子どもとその子どもと信頼関係のもてている温かく，許容的に接してくれるセラピストの存在が重要である。

　ファンタジー・プレイ・ボードの実践から，この遊びも高い治療効果が見られ，臨床的にも役に立つという確信をもつことができた。このボード遊びには，子どもたちの意識界や無意識界における自我や自己の表現を可能にする水場，砂場，木などの刺激がボードに用意されているからのように思われる。これらの刺激は，子どもたちに退行をうながし，赤ちゃんのようになり，自我防衛する必要を感じさせなくなる効果をもち込んでいる。抑圧されたものが意識化されると，その原因を自分で探ることができるようになり，それが結果的に自己治癒力を高めるということである。

セラピストは，自己治癒力を高めるために，ファンタジー・プレイ・ボードを複数回行なうことになるが，われわれの研究グループで実施した結果によると，1回の実施で治療的効果をあげたと思われる多数の幼児があった。

(2) ファンタジー・プレイ・ボード使用における治療者の態度

ファンタジー・プレイ・ボードを治療的に使用する場合は，次のような時である。

①保育者が，ファンタジー・プレイ・ボードの実施に際して，子どもが特異な認知や言動を行なうことに気づいたとき。

②保育者が，保育者以外の人から，子どもの特異な認知や言動を知らされたとき。

①の場合，ファンタジー・プレイ・ボードに示された特異な認知や言動が，その子どもにとって何を意味しているのか，その子どもがそのような認知や行動で周囲の人に何を伝えようとしているのかなどについて，より深く分析することになる。②の場合には，ファンタジー・プレイ・ボードを実施して，その結果を分析し，その子どもの心理状況を分析理解することになる。

前に述べたように，ファンタジー・プレイ・ボードの実施そのものが治療的要素をもつので，これに治療者の適切な援助を加えることによって，子ども自身が人格の再統合を行なっていくということを，われわれの研究チームは確認している。

このボードの使用によって治療的効果をあげるためには，使用者に専門的知識と技術が必要である。そのために役に立つ知識と技術としてあげられるものとしては，来談者中心療法と精神分析の知識と技法である。

この両者は，治療的なかかわり方は異っているが，共通点も見られる。それは，子どもを深く理解しようとする態度を示すこと，子どもの世界における肯定的な面が最大限に活用されることを助けようとすること，

それに，これらの治療者の態度が子どもに理解されることである。そのために，両技法とも治療者は，子どもと温かく親密な関係つまりラポールを早期に確立することを必要としている。

これらの共通点を踏まえて，この2つの技法の特徴を次に概説する。

a．来談者中心療法的技法

来談者中心療法を創設したロジャーズは，治療者の態度として，子どもにたいする無条件で積極的関心，受容的かつ共感的態度，純粋な態度などを説いている。(Ⅱ．2．(6)「ファンタジー・プレイ・ボードを実施する保育者の態度」参照)

ロジャーズは，カウンセリングにおいて，これらの態度特性が治療者に求められるとしている。これと同様のことが，ファンタジー・プレイ・ボードの治療的アプローチにおいても強調されるべきである。とくに，このボードは，3～5歳という低年齢の子どもたちの遊びを中心に開発されているので，治療中に解釈したり権威的な指示を与えることは，子どもの遊びに見られる創造性を阻害してしまう危険性があるからである。子どもの作品の解釈は，治療後の人格理解や治療の進行過程を理解するにとどめるのである。これを具体的に説明すると，子どもがこのボードで遊んでいるときに，かたわらに寄り添い生命の危険がない限り自由に遊ぶことをすすめる。また，子どもの行なうどのような遊びにも，これに積極的関心を示して受け入れて，その遊びをともに味わう。そのなかで，治療者が感動したり疑問に思ったことは相手に伝えるというものである。

b．精神分析的技法

来談者中心療法的技法は，治療中に解釈や査定をしないのにたいして，精神分析的技法は，治療中に積極的に無意識的な意味を解釈して子どもに伝える。

クラインは，子どもがその解釈を強く拒否したときには，そのこと自体が解釈の正しさを示していると感じたといっている（Klein, 1975）。

つまり，子どもが特定の解釈を受け入れたとき，子どもの不安や罪悪感は減少し，感情の象徴的な探求が可能となり無意識の心的葛藤から解放されるということを体験的に感じているというのである。

この技法は，適切な解釈がなされても，これが受け入れられないで，人格の混乱を招く危険性もあり，そのときの対応も含めて精神分析に精通してなされることが必要かつ重要である。

III ファンタジー・プレイ・ボードに関する統計資料の検討

　ファンタジー・プレイ・ボードの基礎理論は，カルフの箱庭療法の理論とTATの理論を統合した理論である。子育て協会の主催で行なわれた研究会で企画されたファンタジー・プレイ・ボードの制作過程のなかで，この統合理論に基づいて診断できるケースや治療的意味をもったケースに出会い，このボードの作成過程のなかで作り上げた統合理論が，一定の妥当性をもつのではないかとの確信をもつことができたのである。

　この確信を，さらに確固たるものにするためには，データを増やし子どもの発達の一般的傾向を数量的に把握しておく必要性があると考えられる。そのために，われわれは，保育園や幼稚園でファンタジー・プレイ・ボードを実施し，一次的資料の収集を行なった。以下は，その結果であり，そこで発達的傾向をとらえておこうとするものである。

1 資料の収集

　2003年3月から9月までの間，子育て協会が主催したカウンセラー養成コースのアドバンス・クラスに参加しそれを終了した保育士，幼稚園教諭，および小学校養護教諭の方々に，ファンタジー・プレイ・ボード

の実施を依頼し，その記録の提出をお願いした。
　ここで分析した有効資料数は，次のとおりである。

　　　3歳児　　　　　31人
　　　4歳児　　　　　38人
　　　5歳児　　　　　49人
　　　6歳児　　　　　32人
　　　7歳〜9歳児　　13人
　　　総計　　　　　163人

　今回の分析では，3歳児から5歳児の計118人の資料を対象として分析を行なった。

❷ 資料の統計的分析

(1) ファンタジー・プレイ・ボードの使われ方

　2枚のボードをどのように使用してプレイしているかを年齢別に見たものが表Ⅲ-1に示されている。

　発達（年齢）による統計上の明確な有意差は認められないが，ある一定の傾向があるということである。概略次のような傾向が認められると考えてよいように思われる。つまり，どの年齢層も，ボードⅠからⅡへそしてまたⅡからⅠへと循環的に使用しながら物語を作るケースが多い。ボードⅠのみあるいはⅡのみの使用は，きわめて少ない。このことは，子どもたちが非現実的な想像の世界から現実的な世界へ，そしてまた，現実的な世界から非現実的な世界へと想像や創造的活動を活発化させてボードに取り組んでいることを示しているものと思われる。

Ⅲ．ファンタジー・プレイ・ボードに関する統計資料の検討

表Ⅲ-1　ボードの使用状況

ボードの使用	3歳	4歳	5歳	計
Ⅰのみ使用	3 (9.7)	4 (10.5)	6 (12.2)	13 (11.0)
Ⅱのみ使用	5 (16.1)	1 (2.6)	0 (—)	6 (5.1)
ⅠからⅡへ	8 (25.8)	8 (21.1)	11 (22.4)	27 (22.9)
ⅡからⅠへ	2 (6.5)	4 (10.5)	8 (16.3)	14 (11.9)
ⅠとⅡを交互使用	7 (22.6)	17 (44.7)	19 (33.8)	43 (36.4)
記入もれ	6 (19.4)	4 (10.5)	5 (10.2)	15 (12.7)
計	31 (100)	38 (100)	49 (100)	118 (100)

（　）内は％　$\chi^2 = 16.211$, $df = 10$, $p < .09$

（2）ミニチュア玩具の使用

a．動物の使用

　物語に登場する動物数が表Ⅲ-2に示されている。動物の使用数に関しては，年齢差は統計的には有意差が見られない。

　各年齢のいずれもが，11体以上の動物を登場させている者が多く，5

表Ⅲ-2　動物の使用数と年齢

動物数	3歳	4歳	5歳	計
0	1 (3.2)	0 (—)	1 (2.0)	2 (1.7)
1～5	7 (22.6)	6 (15.8)	10 (20.4)	23 (19.5)
6～10	11 (35.5)	13 (34.2)	18 (36.7)	42 (35.6)
11以上	12 (38.7)	19 (50.0)	20 (40.8)	51 (43.2)
計	31 (100)	38 (100)	49 (100)	118 (100)

（　）内は％　$\chi^2 = 2.201$, $df = 6$, not sig.

体以下の場合はきわめて少ないのが特徴である。身体的・生物的な発達があったとしても，このころの子どもたちはどの年齢でも動物に非常に強い親近感をもち擬人化が見られるということであり，それがこのボード遊びのなかにも現れているのである。

b．植物の使用

植物の使用状況が，表Ⅲ-3に示されている。年齢によってその出現の態様に違いがあるということが示されている。3歳児では，大・中・小のいかんを問わず，木を使用するケースが，ほかの年齢に比して多い。これにたいして，4，5歳児では，木と草花のすべてを使うケースが多い。大きな木は，自我の発達段階の観点から，より低次で未統合な衝動性の象徴であると仮説立てしたのを支持する結果であるように思われる。また，年長児に多く見られる草花の使用の増加は，発達とともに現れてくる優しさや共感性の象徴であると考えると，この結果も納得できるで

表Ⅲ-3　植物の使用状況と年齢

使用植物	3歳	4歳	5歳	計
なし	4 (12.9)	1 (2.6)	1 (2.0)	6 (5.1)
大木	5 (16.1)	1 (2.6)	2 (4.1)	8 (6.8)
小・中木	5 (16.1)	1 (2.6)	1 (2.0)	7 (5.9)
大中小すべての木	6 (19.4)	11 (28.9)	12 (24.5)	29 (24.6)
草花	1 (3.2)	2 (5.3)	0 (—)	3 (2.5)
大木と草花	2 (6.5)	0 (—)	0 (—)	2 (1.7)
小木と草花	1 (3.2)	1 (2.6)	3 (6.1)	5 (4.2)
木と草花のすべて	7 (22.6)	21 (55.3)	30 (61.2)	58 (49.2)
計	31 (100)	38 (100)	49 (100)	118 (100)

（ ）内は％　　$\chi^2=33.512$, $df=14$, $p<.002$

Ⅲ. ファンタジー・プレイ・ボードに関する統計資料の検討

あろう。

c．食べ物の使用

食べ物の使用状況が，表Ⅲ-4に示されている。これについても，年齢によってその出現率に統計的な有意差が見られた。3歳児では，ほかの年齢の子どもと比較して，食べ物を選択して使用する者が少ない。ランチ・セットがやや多い。4歳以降の子どもは，多様な組み合わせで食べ物を選択していることがわかる。つまり，3歳児ごろまでは，他者から与えられる物が好みのものであって，自分の嗜好の発達はまだ不十分だと考えられる。4歳以降になると，自分の嗜好が確立しかけており，多様な食べ物にたいして働きかけようとする。それらの特性がパーツの選択に影響していると思われる。

表Ⅲ-4　食べ物の使用状況と年齢

食べ物	3歳	4歳	5歳	計
なし	7 (22.6)	6 (15.8)	6 (12.2)	19 (16.1)
リンゴ	2 (6.5)	0 (—)	3 (6.1)	5 (4.2)
弁当	2 (6.5)	0 (—)	5 (10.2)	7 (5.9)
ミルク	4 (12.9)	4 (10.5)	4 (8.2)	12 (10.2)
ランチ・セット	6 (19.4)	5 (13.2)	1 (2.0)	12 (10.2)
すべてを使用	5 (16.1)	9 (23.7)	21 (42.9)	35 (29.7)
他の組み合わせ	5 (16.1)	14 (36.8)	9 (18.4)	28 (23.7)
計	31 (100)	38 (100)	49 (100)	118 (100)

（　）は％　　$\chi^2 = 23.285$,　$df = 12$,　$p < .025$

d. 家具類の使用

　家具類は，空間象徴論に基づいて，家具使用者のエネルギーの方向性を探るために，家具の開放方向を中心に分類した。

■ベッド　　ボード遊びのなかで使用されるベッドは，休息時における心的エネルギーの方向を示すという仮説である。ボードに向かってベッドの頭が左右上下のいずれの方向に置かれるかが整理された（口絵参照）。その結果が，表Ⅲ-5に示されている。

　3歳児と5歳児は，ほとんど同じ反応傾向を示している。4歳児は，ほかの年齢の者と異なった反応であり，左向きに用いる者が多く，また，使わない者がほとんどいないということである。3歳児は，右向きに使用する者が若干多い。

表Ⅲ-5　ベッドの使用方向と年齢

ベッドの使用方向	3歳	4歳	5歳	計
右向き	3 (9.7)	0 (—)	1 (2.0)	4 (3.4)
左向き	15 (48.4)	30 (78.9)	25 (51.0)	70 (59.3)
上下向き	0 (—)	0 (—)	2 (4.1)	2 (1.7)
その他	9 (29.0)	8 (21.0)	15 (30.6)	32 (27.1)
不使用	4 (12.9)	0 (—)	6 (12.2)	10 (8.5)
計	31 (100)	38 (100)	49 (100)	118 (100)

（　）内は%　$\chi^2 = 17.182$, $df = 8$, $p < .028$

■椅子　　ボード遊びでは，椅子は食卓とセットで用いられる刺激が準備されている。椅子もベッドの場合と同様，座ったときにどちらの方向に向かうかによって分類し集計した。その結果が，表Ⅲ-6に示されている。

　どの年齢の子どもも食卓を挟んで食事する風景を表現している子ど

表Ⅲ-6 椅子の使用方向と年齢

椅子の使用方向	3歳	4歳	5歳	計
右向き	11 (35.5)	25 (65.8)	24 (49.0)	60 (50.8)
左向き	3 (9.7)	0 (—)	4 (8.2)	7 (5.9)
上下	1 (3.2)	0 (—)	3 (6.1)	4 (3.4)
一定方向なし	9 (29.0)	4 (10.5)	9 (18.4)	22 (18.6)
不使用	7 (22.6)	9 (23.7)	9 (18.4)	25 (21.2)
計	31 (100)	38 (100)	49 (100)	118 (100)

( )内は% $\chi^2 = 12.373$, $df = 8$, not sig.

もが多いが,食卓と無関係に置く子どももいる。その置き方の年齢差は見られない。

また,どの年齢の子どもも,椅子を右向きに置く子どもが多い。また,椅子を使用しない子どもも,それなりに見られる。椅子を使わないということについては,その子どもの現実の生活で椅子を使わない生活をしているのかどうかについて関心を向けておく必要があろう。

■**書棚** これについても,ベッドや椅子と同様,どちら向きに置かれたかを基準に分類を行なった。結果が表Ⅲ-7に示されている。

解釈に際して注意しなければならないことは,書棚の向きはこれを利用する人と反対の向きになるということである。つまり,書棚が右向きの場合,利用者はその前に立つので,左向きになるということである。

結果は,3歳児では他の年齢群と比べて書棚を利用しない者が多いし,使うとしても少ないということである。この年齢での書棚とのかかわりが少ないという現実の反映であると思われる。4歳児になると,これを使うものが漸次増えてくる傾向がみられる。このことは,書棚

表Ⅲ-7 書棚の使用状況と年齢

書棚の使用方向	3歳	4歳	5歳	計
右向き	3 (9.7)	4 (10.5)	4 (8.2)	11 (9.3)
左向き	4 (12.9)	8 (21.1)	15 (30.6)	27 (22.9)
上下	1 (3.2)	6 (15.8)	11 (22.4)	18 (15.3)
その他	6 (19.4)	12 (31.6)	6 (12.2)	24 (20.3)
不使用	17 (54.8)	8 (21.1)	13 (26.5)	38 (32.2)
計	31 (100)	38 (100)	49 (100)	118 (100)

( )内は% $\chi^2=18.271$, $df=8$, $p<.019$

という物体が子どもの知的好奇心の発達と密接にかかわって，関心をもてる対象となることを示している。

e．日用品の使用

　日用品とは，幼児が家庭のなかで日常的に見たり，使用したりする物である。ボード遊びのなかで取り扱われている19品目について分析を行なう。

■時計　　時計は，生活のリズム化，未来志向，計画性を示すものとされる。この使用状況が表Ⅲ-8に示されている。

表Ⅲ-8 時計の使用状況と年齢

時計	3歳	4歳	5歳	計
1個使用	9 (29.0)	8 (21.1)	15 (30.6)	32 (27.1)
2個使用	15 (48.4)	23 (60.5)	25 (51.0)	63 (53.4)
不使用	7 (22.6)	7 (18.4)	9 (18.4)	23 (19.5)
計	31 (100)	38 (100)	49 (100)	118 (100)

( )内は% $\chi^2=1.543$, $df=4$, not sig.

時計の使用については，年齢による差異は見られなかったし，用意された2個の時計をすべて使う者が多い。このことは，この調査の対象者が保育・幼稚園児であり，時間によって生活のリズムが規制されているということを示していると思われる。

■冷蔵庫　これの使用状況は，表Ⅲ-9に示されている。

冷蔵庫の使用は，年齢とともに増加していく。日常生活において，冷蔵庫の重要性や必要性が生活経験の拡大とともに認識されてくることが示されている。それは，自己の生活全般において，計画性や備蓄性の必要性の認識の発達と関係していると思われる。

表Ⅲ-9　冷蔵庫の使用と年齢

冷蔵庫	3歳	4歳	5歳	計
使用	17 (54.8)	28 (73.7)	39 (79.6)	84 (71.2)
不使用	14 (45.2)	10 (26.3)	10 (20.4)	34 (28.8)
計	31 (100)	38 (100)	49 (100)	118 (100)

（　）内は％　　$\chi^2 = 5.842$, $df = 2$, $p < .054$

■洗濯（乾燥）機　洗濯（乾燥）機の使用状況が，表Ⅲ-10に示されている。

年齢別に使用率を見ると，統計的にも明白な差異が見られる。3歳

表Ⅲ-10　洗濯機の使用と年齢

洗濯機	3歳	4歳	5歳	計
使用	7 (22.6)	28 (73.7)	27 (55.1)	62 (52.5)
不使用	24 (77.4)	10 (26.3)	22 (44.9)	56 (47.5)
計	31 (100)	38 (100)	49 (100)	118 (100)

（　）内は％　　$\chi^2 = 18.101$, $df = 2$, $p < .000$

児で少ない使用が，4歳児になるとかなり高い割合の者が使用するようになってくる。洗濯という行為は，不快な汚れを洗い流しきれいにするということである。これは，心の葛藤（不快な汚れ）を解放し浄化したいという願望を無意識的に表現していると解釈される。

　この結果から推測されることは，3歳児ではこのような不快感情を浄化するという心的機能が十分に発達していないで，その発達は4，5歳まで待たねばならないということであると考えられる。

■アイロン　　アイロンも，洗濯（乾燥）機と同様に自己改善欲求の指標と考えられる。つまり，アイロンには，衣服のしわを伸ばしたり消したりする機能があるという認識ができた段階で，子どもたちは自分の持つ不快感情や葛藤状態などの悩みを消してくれるものと同一化するようになるし，無意識にそれを期待するということである。アイロンの使用状況が，表Ⅲ-11に示されている。

　3歳児は，アイロンを使うことは少ないが，4歳児になると多くの児童が使用するようになる。これは，3歳児にとっては，ひとつには，彼らが消すべき自己の葛藤が少ないかあるいはそれに気がつかないということがあり，もうひとつには，アイロンが汚れを消すという機能をもっているという認識がないということと関係していると思われる。それは，4，5歳になってでき上がると考えられる。

表Ⅲ-11　アイロンの使用と年齢

アイロン	3歳	4歳	5歳	計
使用	10 (32.3)	24 (63.2)	22 (44.9)	56 (47.5)
不使用	21 (67.7)	14 (36.8)	27 (55.1)	62 (52.5)
計	31 (100)	38 (100)	49 (100)	118 (100)

（　）内は％　　$\chi^2 = 6.757$, $df = 2$, $p < .034$

Ⅲ．ファンタジー・プレイ・ボードに関する統計資料の検討

■掃除機　　掃除機の使用状況は，表Ⅲ-12に示されている。

　掃除機は，洗濯機と同じく不快なものを取り除き清潔にしようとする感情の指標である。しかし，結果は洗濯機と違って3歳児においても多くの子どもがこれを使用しており，ほかの年齢の子どもたちと統計的有意差はない。これは，子どもたちが，洗濯機に比べて掃除機と小さいころから日常的かつ頻繁に接触していることと関係していると思われる。

表Ⅲ-12　掃除機の使用と年齢

掃除機	3歳	4歳	5歳	計
使用	21 (67.7)	29 (76.3)	31 (63.3)	81 (68.6)
不使用	10 (32.3)	9 (23.7)	18 (36.7)	37 (31.4)
計	31 (100)	38 (100)	49 (100)	118 (100)

（　）内は％　　$\chi^2=1.709$, $df=2$，not sig.

■テレビ・ラジオ　　テレビ・ラジオは，掃除機と同様，年齢間に有意差が見られないことが表Ⅲ-13に示されている。

　ラジオは，テレビよりも親近性がないようにも見えるが，かなりの

表Ⅲ-13　テレビ・ラジオの使用と年齢

テレビ・ラジオ	3歳	4歳	5歳	計
テレビの使用	6 (19.4)	5 (13.2)	12 (24.5)	23 (19.5)
ラジオの使用	2 (6.5)	2 (5.3)	4 (8.2)	8 (6.8)
両方とも使用	12 (38.7)	23 (60.5)	23 (46.9)	58 (49.2)
両方とも不使用	11 (35.5)	8 (21.1)	10 (20.4)	29 (24.6)
計	31 (100)	38 (100)	49 (100)	118 (100)

（　）内は％　　$\chi^2=5.458$, $df=6$，not sig.

子どもがこれらを使っている。部屋を部屋らしく装飾するためには，両者が必要であると考えるほど身近な家具であるとも考えられる。しかし，これらの家具をまったく使わない子どももかなりいるということもできる状況である。

■ストーブ・扇風機　これらの使用状況は，表Ⅲ-14に示されている。
　ラジオ・テレビと同じような割合で使用されており，年齢によっても差がない。

表Ⅲ-14　ストーブ・扇風機の使用と年齢

ストーブと扇風機	3歳	4歳	5歳	計
ストーブの使用	5 (16.1)	1 (2.6)	4 (8.2)	10 (8.5)
扇風機の使用	5 (16.1)	11 (28.9)	7 (14.3)	23 (19.5)
両方とも使用	14 (45.2)	23 (60.5)	29 (59.2)	66 (55.9)
両方とも不使用	7 (22.6)	3 (7.9)	9 (18.4)	19 (16.1)
計	31 (100)	38 (100)	49 (100)	118 (100)

（　）内は％　$\chi^2 = 9.717$, $df = 6$, not sig.

■スタンド　スタンドは，日用品といってもだれにでも日常的なものではない。また，スタンドが何のためにまたどのようなときに使われるのかなどについて知るのには，ある一定の知的な発達が必要であると想定される。その使用状況は，表Ⅲ-15に示されている。
　3歳児では70％強の者が使用していない。これまでに見てきたほかの結果と同様に，3歳と4歳以降では物を理解したり推理したりする知的能力に違いがあるということがここでも現れている。

Ⅲ．ファンタジー・プレイ・ボードに関する統計資料の検討

表Ⅲ-15 スタンドの使用と年齢

スタンド	3歳	4歳	5歳	計
使用	9 (29.0)	25 (65.8)	27 (55.1)	61 (51.7)
不使用	22 (71.0)	13 (34.2)	22 (44.9)	57 (48.3)
計	31 (100)	38 (100)	49 (100)	118 (100)

（　）内は％　$\chi^2 = 9.627$, $df = 2$, $p < .008$

■歯ブラシ・コップ　　この使用状況は，表Ⅲ-16に示されている。

　これも3歳児では使われなくて，4歳児でもっとも多く使われ，5歳児でまた若干使われていないという結果である。これは子どもたちの洗顔行動の現実をそのまま表していると思われる。4歳児が親のいうことを3歳児や5歳児よりもよく聞くということである。

表Ⅲ-16 歯ブラシ・コップの使用と年齢

歯ブラシとコップ	3歳	4歳	5歳	計
使用	13 (41.9)	28 (73.7)	27 (55.1)	68 (57.6)
不使用	18 (58.1)	10 (26.3)	22 (44.9)	50 (42.4)
計	31 (100)	38 (100)	49 (100)	118 (100)

（　）内は％　$\chi^2 = 7.266$, $df = 2$, $p < .026$

■ハサミ　　この使用状況は，表Ⅲ-17に示されている。

　ハサミは，大人がこれを使う場合には，切るとか切り刻むとかのように内なる敵意や攻撃性の象徴であったり，物を作るというような生産性の象徴であったりする。調査対象の子どもの場合には，そのような意味づけができるようには思えない。無意識の敵意のイメージ化と思われる場合はごく稀で，まさに日用品として使われており，年齢に応じて増えるとか減少するということはない。3歳児も4，5歳児と

表Ⅲ-17 ハサミの使用と年齢

ハサミ	3歳	4歳	5歳	計
使用	13 (41.9)	23 (60.5)	25 (51.0)	61 (51.7)
不使用	18 (58.1)	15 (39.5)	24 (49.0)	57 (48.3)
計	31 (100)	38 (100)	49 (100)	118 (100)

( ) 内は% $\chi^2=2.378$, $df=2$, not sig.

同様の使用傾向が見られるということである。

■衣服など（マフラー・帽子・Tシャツ）　これらの使用状況は，表Ⅲ-18に示されている。マフラー，帽子，Tシャツなどの被服類は，一般的に，身体を暑さ，寒さから保護するために，また，オシャレのように自己主張や自己誇示のために用いられることもある。統計的に

表Ⅲ-18 衣服などの使用状況と年齢

衣服など	3歳	4歳	5歳	計
マフラー	5 (16.1)	1 (2.6)	2 (4.1)	8 (6.8)
帽子	1 (3.2)	3 (7.9)	4 (8.2)	8 (6.8)
Tシャツ	2 (6.5)	2 (5.3)	4 (8.2)	8 (6.8)
帽子とマフラー	3 (9.7)	3 (7.9)	5 (10.2)	11 (9.3)
帽子とTシャツ	4 (12.9)	1 (2.6)	2 (4.1)	7 (5.9)
Tシャツとマフラー	4 (12.9)	4 (10.5)	3 (6.1)	11 (9.3)
すべてを使用	6 (19.4)	19 (50.0)	18 (36.7)	43 (36.4)
すべてを不使用	6 (19.4)	5 (13.2)	11 (22.4)	22 (18.6)
計	31 (100)	38 (100)	49 (100)	118 (100)

( ) 内は%　$\chi^2=16.621$, $df=14$, not sig.

は有意差は見られなかった。

3歳児は，マフラーをほかの年齢の子どもよりも多用する。しかし，衣服などのすべてを使用することが少ない。4，5歳児になると，いろいろの衣服を使用することが多くなってくる。これは日常体験の差異に依存しているのではないかと推測される。

■靴など　　靴などの使用の種類別・年齢別の出現率が，表Ⅲ-19に示されている。

4種類の靴をすべて使う人が3歳児に他の年齢の子に比して少ないし，また，すべて使わない人が3歳児に若干多いという印象がある。

表Ⅲ-19　靴などの使用状況と年齢

靴など	3歳	4歳	5歳	計
運動靴	2 (6.5)	3 (7.9)	1 (2.0)	6 (5.1)
茶靴	0 (－)	1 (2.6)	1 (2.0)	2 (1.7)
ハイヒール	2 (6.5)	1 (2.6)	3 (6.1)	6 (5.1)
草履	2 (6.5)	1 (2.6)	0 (－)	3 (2.5)
運動靴と茶靴	2 (6.5)	0 (－)	0 (－)	2 (1.7)
運動靴とハイヒール	2 (6.5)	0 (－)	2 (4.1)	4 (3.4)
茶靴とハイヒール	1 (3.2)	0 (－)	3 (6.1)	4 (3.4)
他の組み合わせ	5 (16.1)	2 (5.3)	7 (14.3)	14 (11.9)
すべてを使用	5 (16.1)	21 (55.3)	21 (42.9)	47 (39.8)
すべてを不使用	10 (32.3)	9 (23.7)	11 (22.4)	30 (25.4)
計	31 (100)	38 (100)	49 (100)	118 (100)

（　）内は%　$\chi^2 = 25.984$, $df = 18$, $p < .01$

靴のパーツは，他のパーツに比べてきわめて小さく，3歳児では細部への認識が行なわれないことが推測される。

■**カバン**　　カバンの使用状況については，表Ⅲ-20に示されている。
　この使用については，年齢によって違いがあるという結果である。つまり，3歳児では，カバンを使用しない子どもが多く，4歳児ではそれを使用する子どもが多く，5歳児ではそれが相半ばするということである。大人から見れば，カバンは通園時の必需品である。しかし，3歳児ではその感覚がまだ芽生えていない。母親がもたせてくれるものである。4歳児になると，それはもっていくことを指示される物となる。必需品感覚がそこに発生する。5歳児では，携帯することは習慣であり，そのもの自体にたいする関心が薄れるのだと思われる。

表Ⅲ-20　カバンの使用と年齢

カバン	3歳	4歳	5歳	計
使用	11 (35.5)	27 (71.1)	27 (55.1)	65 (55.1)
不使用	20 (64.5)	11 (28.9)	22 (44.9)	53 (44.9)
計	31 (100)	38 (100)	49 (100)	118 (100)

（　）内は%　　$\chi^2 = 8.730$，$df = 2$，$p < .01$

■**ピアノ・木琴**　　これらの使用状況は，表Ⅲ-21に示されている。ピアノも木琴もどこの家庭にでもあるというものではない。しかし，音が出るということで憧憬の対象になりやすいものである。どの年齢も約80%近くの者が使用している。統計的には有意差はない。

Ⅲ．ファンタジー・プレイ・ボードに関する統計資料の検討

表Ⅲ-21　ピアノ・木琴の使用状況と年齢

ピアノ・木琴	3歳	4歳	5歳	計
ピアノ	8 (25.8)	3 (7.9)	9 (18.4)	20 (16.9)
木琴	5 (16.1)	5 (13.2)	3 (6.1)	13 (11.0)
両方使用	12 (38.7)	23 (60.5)	21 (42.9)	56 (47.5)
両方不使用	6 (19.4)	7 (18.4)	16 (32.7)	29 (24.6)
計	31 (100)	38 (100)	49 (100)	118 (100)

（　）内は％　　$\chi^2 = 9.606$, $df = 6$, not sig.

■クレヨン・本　これらの使用状況が，表Ⅲ-22に示されている。

　クレヨンや本は，子どもにとっていつも身近にあって慣れ親しむものである。3歳児よりそれ以降の年齢の子どもがそれらに主体的に親しむのであるが，それがこのボード遊びでの使用状況に現れている。

表Ⅲ-22　クレヨン・本の使用状況と年齢

クレヨンと本	3歳	4歳	5歳	計
クレヨン	3 (9.7)	4 (10.5)	4 (8.2)	11 (9.3)
本	2 (6.5)	4 (10.5)	7 (14.3)	13 (11.0)
両方を使用	9 (29.0)	20 (52.6)	21 (42.9)	50 (42.4)
両方を不使用	17 (54.8)	10 (26.3)	17 (34.7)	44 (37.3)
計	31 (100)	38 (100)	49 (100)	118 (100)

（　）内は％　　$\chi^2 = 7.329$, $df = 6$, not sig.

■シャベル　シャベルの使用状況が，表Ⅲ-23に示されている。シャベルもまた，子どもにとっては身近な道具である。公園などで幼児は

表Ⅲ-23　シャベルの使用と年齢

シャベル	3歳	4歳	5歳	計
使用	9 (29.0)	20 (52.6)	23 (46.9)	52 (44.1)
不使用	22 (71.0)	18 (47.4)	26 (53.1)	66 (55.9)
計	31 (100)	38 (100)	49 (100)	118 (100)

（　）内は％　　$\chi^2=4.138$, $df=2$, not sig.

好んでシャベルを用いて，砂を掘り起こして遊ぶ。しかし，これは時には攻撃感情の発散時の凶器として使われることもある。多義的に使われる遊具のひとつである。箱庭療法では，砂場でスコップを用いて掘り起こす行動を，自己を掘り起こし（内省）その再統合を図ろうとする心的イメージの表現と解釈しているが，そのような解釈ができやすいような遊具であるということである。

■バケツ　　その使用状況が表Ⅲ-24に示されている。バケツは，物を入れたり出したりする機能をもっている。他面，これを椅子として使ったり，時には太鼓として使う子どももある。年齢差はほとんどない。

表Ⅲ-24　バケツの使用と年齢

バケツ	3歳	4歳	5歳	計
使用	17 (54.8)	24 (63.2)	31 (63.3)	72 (61.0)
不使用	14 (45.2)	14 (36.8)	18 (36.7)	46 (39.0)
計	31 (100)	38 (100)	49 (100)	118 (100)

（　）内は％　　$\chi^2=0.675$, $df=2$, not sig.

■ジョウロ　　その使用状況が，表Ⅲ-25に示されている。シャベル，バケツと同様，幼児はこれもさまざまな使い方をする。どの年齢でも同様である。年齢による差異はほとんど見られない。

表Ⅲ-25　ジョウロの使用と年齢

ジョウロ	3歳	4歳	5歳	計
使用	16 (51.6)	24 (63.2)	24 (49.0)	64 (54.2)
不使用	15 (48.4)	14 (36.8)	25 (51.0)	54 (45.8)
計	31 (100)	38 (100)	49 (100)	118 (100)

（　）内は％　　$\chi^2 = 1.850$, $df = 2$, not sig.

■**運動用品**　その使用状況が，表Ⅲ-26に示されている。運動用品として，ボール，三輪車，跳び箱などが用意されている。これらの使用は，しばしば，活動性の指標として注目されるものである。

使用種別間に，統計的な有意差は見られなかったが，3歳児に三輪車を除いて運動用品を使用しない子どもが目立つように思われる。

表Ⅲ-26　運動用品の使用状況と年齢

運動用品	3歳	4歳	5歳	計
ボール	2 (6.5)	1 (2.6)	1 (2.0)	4 (3.4)
三輪車	8 (25.8)	7 (18.4)	8 (16.3)	23 (19.5)
跳び箱	3 (9.7)	2 (5.3)	3 (6.1)	8 (6.8)
ボールと三輪車	1 (3.2)	0 (―)	5 (10.2)	6 (5.1)
ボールと跳び箱	1 (3.2)	0 (―)	1 (2.0)	2 (1.7)
三輪車と跳び箱	4 (12.9)	8 (21.1)	5 (10.2)	17 (14.4)
すべてを使用	4 (12.9)	17 (44.7)	18 (36.7)	39 (33.1)
すべてを不使用	8 (25.8)	3 (7.9)	8 (16.3)	19 (16.1)
計	31 (100)	38 (100)	49 (100)	118 (100)

（　）内は％　　$\chi^2 = 19.210$, $df = 14$, not sig.

以上，ファンタジー・プレイ・ボード遊びのなかで，ボードそれ自体および付属ミニチュア玩具について，3歳から5歳までの子どもたちによるその使用の仕方についての統計資料を提示した。

　それらの結果から見られたことのひとつは，遊具を使う子どもたちの発達的傾向である。これまでに見てきたように，与えられたものを使用するか否かが発達によって規定されるものであり，その臨界点が3歳と4歳の間にあるということである。3歳までは，生活自体が他者依存的であり，自分が見たことがあっても他者によって使わされていなければ，自我の中核で本格的に関心をもたないということである。4歳ぐらいになると，自己の生活領域のなかに存在するものすべてにたいして好奇心をもち，主体的にかかわっていこうとする態度が芽生えているということと関係している。また，物によっては，5歳児のころに使われなくなる場合があるが，これはそれについて熟知したものであるために関心が向かなくなったものといえそうである。好奇心や関心を喪失した物からは，想像や創造が湧出しないのは当然のことと思われる。

　この統計的資料からいえるもうひとつのことは，同一年齢の多くの人が一般的に使用するものを，ある子どもが使わないということに注目することが要請されるということである。

　また，ある子どもたちが，ほかの子どもたちが使用しない遊具を使用するということにも関心を向けねばならないということである。これらの使う使わないは，彼らがそのことによって自己の精神的内容をその事象のなかにどのように表現しようとしているのかを解釈することが，人間理解の第一歩である。しかも，それらの表現が心の深層からの表出であるとすれば，それはあるひとつの遊具に収れんすることもあるが，しばしばそれは，ほかのもろもろの遊具の取り上げ方にも表れていると思われる。それらのことを統合的に解釈し理解することが要求される。これについては，後に具体的に説明を加える。

(3) ファンタジー・プレイ・ボードで表現されるテーマ

プレイのなかで表現されたテーマは，箱庭療法やTATにおける場合と同様，その子どもの診断や治療に際して重要な意味をもっている。ファンタジー・プレイ・ボードに表現されたテーマは，プレイしている子どもの個性を表すものであり，時には，その病理性を示すこともある。

本調査で表現されたテーマとその出現率が表Ⅲ-27に示されている。

表Ⅲ-27に示されたテーマの意味については，以下のとおりである。

a．移動

移動とは，プレイのなかで，車，池の魚，ブランコ，その他の動くものを用いて，実際に移動する物語を作ることである。表にはその動く方向を3つに分けて示してある。

ここでは，活動性や不安定性，空間配置論に基づく心的エネルギーの方向などが理解できる。移動は，子どもたちにとって日常的かつ頻繁に行なわれるものであるし，遊びの中心的な役割をもつものである。プレイで作られた物語のテーマとしてももっとも多く表れた。118人中の49

表Ⅲ-27　テーマとその出現率

テーマ	人員	％
移動：左右	17	14.4
移動：上下	14	11.9
移動：多方向	18	15.3
移動：囲い	2	1.7
戦い	3	2.5
破壊	10	8.5
支配	10	8.5
賞賛	9	7.6
援助	7	5.9
協調	29	24.6
テーマなし	20	16.9

注1：人員は延べ数である。
注2：％は調査人員118人に対するものである。
注3：「テーマなし」とは，パーツを置くだけで物語がないことを示す。

人であり，41.5％の出現率であった。

b．囲い

　移動とは逆に，空間を限定したり（たとえば「ここは○○ちゃんの部屋」というように），家具などで囲って壁を作ったりすることである。そして，そのなかに主人公の動物（プレイをする人が投影しているもの）が閉じこもるような物語を作る。引きこもりや自閉症傾向の子どもに，時々見られることがある。本調査では，4歳児と5歳児に各1名見られている。

c．戦い

　喧嘩とかテレビで幼児に人気のあるアンパンマンとバイキンマンの戦いの場面などがテーマとなる。戦いは，箱庭療法では心的問題をもつ子どもが箱庭で母子一体の段階から人格の統合のための戦いの段階を経て人格が統合されるとしている。ファンタジー・プレイ・ボードにおいても，同様の段階があると考えられる。たとえば，戦いをテーマとする子どもは，無意識的にあるいは意識的に葛藤をもち，人格の統合に向けて戦っているイメージの表現となる場合がある。

d．破壊

　破壊も戦いと同様に，人格の統合と深い関係があると考えられる。ボード上での破壊は，カタルシス作用をうながし，再生へと発展させると考えるからである。出現率はそれほど高くはない。このテーマの分析に際しては，それがたんに物語をおもしろおかしくするためのものか，人格上の問題と関連をもった破壊衝動そのものの表現なのかを見定める必要がある。

e．支配

　支配－被支配がテーマとなる場合である。たとえば，お父（母）さんのいうことをきかないとお尻ぺんぺんされるとか，人にいじめられるとかのテーマが取り上げられる場合である。しばしば，友人・家族関係における支配－被支配関係が表現されたり，自己の意識的・無意識的な強

い支配欲求などが表現されやすい。

f．賞賛

　これは，子どものもつほめられたいという強い欲求が表現される場合にこのようにカテゴライズされる。

g．援助と協調

　人を助けたり協力してものごとを成し遂げていくさまが表れる場合である。しかし，その解釈に際しても，それがやらねばならないというだけのことなのか，願望なのか，実体験なのかを見定めることが必要である。とくに，協調の場面は，幼稚園や保育園では，そのような場面を実体験させられるので，出現率もかなり高く，約25％であった。

VI

IV 事例研究

　本来，ファンタジー・プレイ・ボードは，創造的な遊びである。そのために，このボード遊びを統計的にのみ見ることには無理がある。みなと同じような遊びや遊び方をしているのかとか，みなと違った遊びや遊び方をしているのかをとらえておくことは重要であるが，それのみでは不十分である。

　ファンタジー・プレイ・ボードによる幼児の理解には，①個々の幼児とともにプレイし，そこでの幼児とプレイ実施者とがともに感じあうなかで，実施者のもつ直感的な全体印象が，重要なこともあるし，②個々のパーツのもつ多義性を，全体の作品のなかで，ひとつの意味に焦点化し，相互関連的に理解することが重要なこともある。もっとも重要なことは，①の全体的印象と②の物語から得られる各パーツの象徴的意味や欲求，圧力などを統合して，幼児の全人格を理解し診断することである。そうして，人格形成という観点から見ると，このボード遊びを通じて，子どもの健全な成長力を伸ばし，創造性を十二分に育て上げることである。また，治療という観点から見ると，心理的問題をもつ子どもは，その問題をボード遊びのなかにイメージとして表現することによって，それに直接的あるいは間接的に対峙させることになる。そのような経験のなかから，子どもは，自己のもつ改善のエネルギーを呼び起こすという

ことになるのである。

　このような観点から，具体的な事例を分析する。この事例に対するボード遊びの実施者は，カウンセラー養成講座アドバンス・コースの修了者であり，ファンタジー・プレイ・ボードの実施法について研修を受けた者である。取り上げられたケースは，幼稚園・保育園で気になる行動を行なうとチェックされていた園児である。ボード遊びの実施者には，この園児の印象，プレイ中の行動観察などの詳細な報告を求めた。

　なお本書に掲載された事例は，ファンタジー・プレイ・ボードに表現されたものの理解に妨げとならない範囲で，特定できないように変更してあることをつけ加えておきたい。

Ⅳ. 事例研究

> **事例1　怒りっぽくて他の園児に恐れられている事例**
>
> 3歳　男児
> 生育史：安産で母乳とミルクの混合授乳で育った。弱視。保育中，ビデオや紙芝居を見ていない。
> 家　族：父は常勤で養育態度は厳格。母は常勤で養育態度は温かい。

■プレイの概要

　ストーブを初めに手にして，「これは，部屋にあるの」といって，ボードⅡ（家屋・庭の図版）の上に置いた。まず，イヌのお父さんとお母さんをならべて，次に，ペンギン。さらにペンギンのお父さんをならべた。「今日，お休みなの。みんなここにいるの」といってパーツを次々にならべていく。食事をするときの様子を，「俺んちはね……」と話す。最後に，掃除機のパーツで，これまでに使ったパーツを一つひとつきれいにし，「動物もきれいにするの」といって，楽しんでいた。

　プレイ時間：30分。公園のボードⅠは，使用しなかった。

　使用パーツは，動物（10），植物（2：大木とリンゴの木），食べ物（3：弁当を除く），家具（9：左向き椅子とベッド，日用品：冷蔵庫，乾燥機，アイロンを除く），装身具（5：Tシャツ，帽子，運動靴，茶靴，カバン）であった。

■心的世界の理解

a．全体的印象

　動物が，記念写真のようにやや横並び的であり，強迫傾向的な几帳面さがみられるという印象である。とくに，上方中央に置かれた2個の時計が印象的である。この時計に象徴されるように，日常生活を決められたとおりにきちんと行なおうとする姿勢が見られる。他方，ボードⅡの無視に表れているように，その几帳面さや強迫傾向は，部分的な範囲に限定されているような感じである。

b．内的世界

　家族や他者との深い情緒的なかかわりを求めず，自己の内部に潜む葛藤などを発散し浄化して（掃除機の使用に象徴化されている）自己の統合を図ろうとしていると解釈できる。彼の現実生活での怒りっぽさは，他者への深いかかわりや共感を求めず，そこから生ずる葛藤の水準を，たんなる感情の発散によって低減させようとしているためであると理解できるであろう。大木は，母なるもの，根源的なるものへの回帰を願うとされる左下方にあり，相手を攻撃したいとする感情を象徴するようなパーツも使用されていないことから，衝動的で原始的な攻撃性は認められないと解釈できる。

事例2　甘えん坊であるが，強情でわがままな事例

3歳　女児
生育史：安産。ミルクで育つ。
家　族：父，母，姉2人。両親の子どもへの関与の仕方やしつけは普通。
　　　　言葉の発達が遅く，言葉も不明確であると母親が訴えている。

■プレイの概要

使用ボードは，ボードⅡ（家）→ボードⅠ（公園ふう）→ボードⅡと循環して物語を始める。

最初，帽子を取り，ブタにかぶせて公園（池）に出かける。水道が開けられない。やっと蛇口を開け水を飲む。ボールで遊ぶ。跳び箱で遊ぶ。ネコは怖い。大きい木にリンゴがある。風に飛ばされて危ない。イヌのお母さんが，「ただいま」と帰ってきた。お母さんは，コーヒーを飲む。ペンギンがブタをやっつけた。リンゴを食べた。ペンギンが「さあ，そろそろ眠くなっちゃった」と歯磨きして眠る。以上で物語は終わった。

プレイ時間：20分。楽しそうにプレイした。

使用パーツは，動物（4），植物（1：大木のみ），食べ物（3：弁当を除く），日用品（7：丸型時計，冷蔵庫，掃除機，ストーブとやかん，歯ブラシとコップ，ジョウロ，洗濯機），装身具（2：Tシャツと帽子），教材（4：ピアノ，木琴，跳び箱，ボール）であった。特徴的なのは，家具であり，椅子が1個しか使われていないことであった。

■心的世界の理解

a．全体的印象

家庭中心の物語であるが，家庭や公園に登場する動物が少なく，また，父動物がいないなどのことから，彼女の心的世界は，さびしさにあふれており，同時に外界への恐れが強く感じられる。ボード遊びを治療的に使用することが必要だと思われる。

b．内的世界

　3歳児に多く見られる水場や砂場で遊ぶことはせず，小学生が用いる跳び箱で遊ぶことなどから，自己の本来の欲求（愛情や依存など）を抑圧し，自己を実際以上によくまたは強く見せている。強情なのはこのためであると考えられる。しかし，内面は空虚で，食欲，睡眠欲などの基本的欲求や快・不快という原初的感情に支配されている。そうして，この基本的欲求や原初的不快感情は，多くの場合，抑制されたり抑圧されているが，同時に，その度合いが少し強まると統制しきれない衝動性や攻撃性を表出しやすい（大木をボードⅡ右上に使用で，それが示されている）。この衝動性の誘発は，言語の遅れにともなう他者とのコミュニケーションの困難から生じてきているとも推測できよう。

Ⅳ. 事例研究

> **事例3　べたべたと大人に甘える事例**
>
> 3歳　男児
> 生育史：安産。母乳とミルクの混合で育つ。
> 家　族：父，母，兄，姉，弟2人の7人家族。父母ともに子どもを育てる意欲に欠け，あまり世話をしようとしない。入浴は週1回。食事は菓子とかインスタント食品が多い。

■**プレイの概要**

　ボードⅠの公園ふうのボードから始める。ボードⅡは使用しなかった。かまくらふう室内に，椅子が2個あり，ウサギとイヌがいっしょに遊んでいる。砂場と水飲み場にペンギンが遊んでいる。砂場に寒いからといってストーブを置いて遊ぶ。寒いのでマフラーをして，ジャングルジムの所でリンゴを食べている。楽しそうに7分間で完了させた。

　プレイ実施時は，1月という寒い季節であったため，「寒いので」という言葉が2度発せられ，ストーブやマフラーで保護しようとしている。

　プレイ時間：7分。

　使用パーツは，動物（9），植物（3）。ボードⅠの公園内の動物は3歳児平均の7個使用されている。完了時の写真から見ると，7個の動物は協同して何かをしているのではなく，砂場のまわりやかまくらの前に，記念写真を撮るかのようにならんでいる。掃除機が池のなかに置かれたり，冷蔵庫がブランコのそばにあるなど非現実的な配置も見られる。

■ 心的世界の理解

a．全体的印象

にぎやかではあるが，雑然としていて，無機質様の硬さが見られ，相互に情緒的交流が見られない。

b．内的世界

ボードⅡ（居室・庭）は使用されず，寒い寒いといいながら公園で遊ぶ物語から，家庭が安らぎや愛着を満たしてくれる場ではなく，無機質的な冷たい場と認知されているのだと推測できる。

本児は，その冷え冷えとした心を，家庭外のボード遊びのような空想の世界で癒そうとしたり，その空想の世界に逃げ込もうとしていることが推測される。保育者にべたべたと甘えるのも，母親から得られない愛情を代償的に得ようとしている心象の表現と思われる。ボード遊びで治療的かかわりが必要と思われる。

Ⅳ. 事例研究

> **事例4　甘えと多動傾向を示す事例**
>
> 3歳　男児
> 生育史：安産。ミルクで著患なく育った。
> 家　族：父，母，姉の4人家族。父母ともに常勤。両親の子どもへの関
> 　　　　与は多く，しつけは温かい。

■**プレイの概要**

　ボードⅡからボードⅠへと移動してプレイしている。初めは椅子を置いたりしていたが，水のなかにリスやウサギ，時計などを入れてしまうと楽しくなり，「砂のなかにももぐらせちゃおう」といいながら，手元にあるものを次々と入れて楽しんでしまう。滑り台から父リスを滑らせて遊ぶ。内容や物語は出てこなかったが楽しそうであった。

　プレイ時間：10分。

　使用されたパーツは，動物（すべて），植物（2：大木，小木），食べ物（ミルクカップのみ），家具（4：ベッド3，椅子1），日用品（6：時計，乾燥機，掃除機，テレビ，扇風機，ハサミ），装身具（2：マフラー，帽子），教材など（2：木琴，バケツ）である。

75

■心的世界の理解
a．全体的印象
　本児の創造の世界では，水場にはリス，ウサギ，時計が沈んでおり，砂場では，バケツ，ランチ・セット，扇風機，ピアノ，オルゴールを埋めて遊んでいるので，終了時の作品では，第Ⅱボード上には父子のリス以外はほとんど残っていないという結果になる。ボード上に残された遊びの世界は，父リスのお滑りと子リスや子イヌの孤立的な遊びのみである。このようなことから，本児の作品は，全体的な印象として，活発ではあるが内面的にはさびしく，他者を拒否して破壊的な衝動をもっているという印象を受ける。

b．内的世界
　本児のボード遊びは，われわれ研究チームが仮説を立てたように，水場や砂場のイラストを実物と見立てて，立体的に活用していることである。つまり，箱庭療法であれば実際に砂のなかに埋めたであろうことが，実際には砂がなくても砂場としての機能をもつことを明確に実証した事例である。箱庭療法においても，このように器物をすべて埋め込むという作品を作るケースは少ないというのが私の臨床経験であるが，ファンタジー・プレイ・ボードの今回の実施結果でも本事例のみである。動物などの生き物をお墓に埋めるのではなく，ただ埋めるというのは，本児独特の心的世界の表現である。したがって，そのことについて分析を深めてみる。

　まず，水のなかにもぐらせたものは，リスとウサギと時計である。仮説にしたがって，使用された動物は擬人化されていると考えると，子どもを水中に入れて自分ひとり滑り台で楽しんでいる父親（父リス），冷たい氷室に向かって立っている子ども（子リス）の情景は，父子間の心理的距離の大きさを示していると解釈できる。また，母親が登場しないのも，母子間の距離にも問題を含んでいると推測できる。さらに，家庭で使う日用品も，取り出したものをすべて水中にもぐらせたり砂に埋め

たりしていることは，本児が家庭生活を無意識的に拒否したりそこから退避しようとする心情を示しているように推測できよう。そのようなみずからの寒々とした心を帽子とマフラー（両方とも子リスのかたわらに置いて，水中にも砂のなかにも置かなかった）で補償していると推測される。

　この無意識界におけるさびしさを，保育士など世話をしてくれる人に甘えることによって補償しようとするのである。落ち着きなく動き回るのも，この子の心の中に潜む破壊衝動を抑圧し，園内で甘えられる人を求めて動き回っていると解釈できるであろう。継続的なボード遊びで経過観察が必要である。

事例5　甘えと多動傾向を示す事例

3歳　女児
生育史：安産，著患なし
家　族：母は常勤。子どもへの関与が多い。しつけは厳格。父は2歳のときに離別。
園内生活：自分の要求がとおらないと激しく泣く。保育士が話そうとするとイヤイヤとわめき，保育士の顔を見ようとしない。しばらくして落ち着くと「わかった」というが，再度くり返すことが多い。

■プレイの概要

パズルだといって，イヌの子から始めて動物のパーツを，「パズルだ」といって次々とボードⅠにならべていく。どこに置こうかと悩む様子はない。「これはだれ？」と聞くと「お父さん」「お母さん」と答える。洗濯機を手にして台所（ボードⅡ）に置く。「何でも入れちゃうの」という。イヌは手に取り，「この子悪い子なの」といいながら置く。最後には，洗濯機のなかに入れてしまう。途中，違うことに目を向けては，またやり直す。

プレイ時間：30分。楽しそうにプレイしていた。

使用パーツは，動物（すべて），植物（2：大木とチューリップ），食べ物（2：リンゴとランチ・セット），家具（6：ベッドと椅子），日用品（11：携帯ラジオ，スタンド，乾燥機，歯ブラシとコップを除く），装身具（4：マフラー，帽子，運動靴，ハイヒール），教材（3：ピアノ，クレヨン，三輪車）であった。

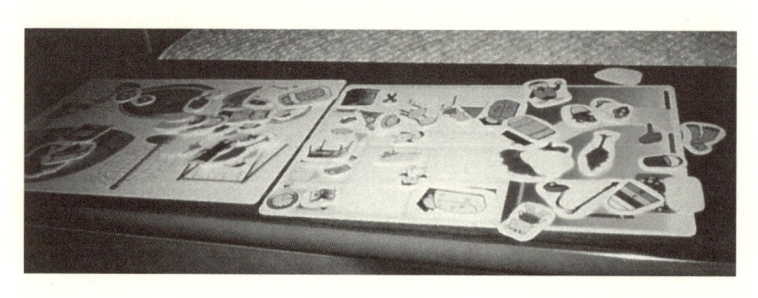

洗濯機に入れた後に放り出されたところが写真で示されている。
■**心的世界の理解**
a．全体的印象
　パーツの使用数は，それぞれの領域で年齢相応である。几帳面に物事を運ぼうとするが，それを阻止し破壊しようとする不合理な抑えきれない衝動に悩んでいる。
b．内的世界
　子イヌに自己を投影していると考えられる。そこから自己に対するイメージは，マイナス（否定的・悪い子）イメージである。母親から厳しくしつけられるなかで，自分のもっているさまざまな日常的欲求が認められず阻止され，自分は悪い子，いけない子という自己概念が形成されていったのだと思われる。しかし，本児はその「悪い子」という自己概念を認めているのではなくて，何とかよい子であろうとする姿勢が「パズルだ」といって次々にパーツをならべる行動（母親に認められる，よい子になろうとする要求から出てくる行動である）によって理解できる。本児にとって，このパズルは解けずそれにたいする強いいらだちが破壊衝動を誘発し，自己を悪い子にさせる日常的に接するすべてを破壊しようとする（手にするあらゆるものを洗濯機に入れてしまうというような行動から推測できる）。これらは，自己否定的な不快感情を発散し浄化を図ろうとする無意識の働きと理解できる。前に，洗濯機は一般的に美化とか浄化して再生する意味を象徴的に表現すると解説したが，このケースの場合，汚れたものを美化するために洗濯機を用いているというよりも，「何でも入れちゃうの」という言葉から，破壊的衝動の無害な形での処理の象徴的表現と解釈できる。本児のかたわらで観察し物語を聴取した保育士も，洗濯機に入れた状況から，テーマを「破壊」としていることから，その破壊的衝動はかなり強いものがあり，治療的なアプローチが必要と思われる。
　ファンタジー・プレイ・ボードの多義性は，まさにこのようなことを

さすものであり，同じく洗濯機の使用についても，プレイをしている子どもの言動や状況からその意味を探ることが重要である。

事例6　怒りっぽくて他の園児に恐れられている事例

4歳　女児
生育史：安産。母乳とミルク混合で育つ。
　　　　偏食と爪かみの癖がある。
家　族：両親と兄ひとり。両親は共働き。
　　　　本児は，1歳半頃から，乱暴でまわりの幼児を，たたいたり，押したり，かみついたりが目立つようになった。そのため，母は育児ノイローゼになっていた。父親は粗野なところが見られる。両親はこの子にたいして愛情は豊かであるが，十分な対応が取れず，この子にたいする言葉かけが少ない。

■プレイの概要

　物語は出てこない。パーツの名称をいいながら置いていく。最初は，ボードのなかのベッドにベッドのパーツを置いた。ストーブややかんを見ると「ジュー」とやかんの湯が沸く音，三輪車ではその動く音，オルガンはそれを弾く音など，取り上げたパーツに関係する名前や音などをいう。動物は，ボードに置くよりは移動をさせ，最後にはそれを箱のなかに戻してしまった。しかし，全体的には，楽しそうに遊んでいた。

　プレイ時間：7分。

　使用パーツは，動物（10），植物（2），家具（4），装身具（2：Tシャツとマフラー），教材（3）などで使用数が少ない。

■心的世界の理解

a．全体的印象

　全体的には静的でさびしい印象を受けるが，物語中に動物が動いていることなどからエネルギーのレベルが低くはないと推量できる。

b．内的世界

　配置の混乱や大木やハサミの位置などから，自我と衝動との統合が不十分で，葛藤の統制が困難で，些細な刺激による攻撃性や衝動性の発現のしやすい状態にあるといえよう。

　母子の愛着の深さを示す水場や砂場とその近辺に動物が見られないことから，感受性の乏しさや感情面での空虚さが見られる。したがって，対人関係においても相手の感情に共感できず，自分の欲求のみを押しとおそうとするのである。家族関係においては，相互の情緒的交流が稀薄で心理的に孤立感をもっている。とくに，父親に不満をもち，攻撃感情を抑えようとしている。したがって，欲求不満時には，こうした攻撃感情が誘発されて誰彼なく攻撃的になる危険性をもっている。さらに，発達に遅れが見られるということが，対人関係における自己表現を困難にして，いらだち怒りっぽくなったり衝動的に攻撃行動を誘発させたりしていると考えられる。時計のパーツの使用に示されているように，日常生活で自分なりの展望をもとうとしている。しかし，家族のなかでのこのような状況がそれをもてなくしていると思われる。

> **事例7　目立とうとして勝手な行動をする。また，たまに落ち着きなく動きまわる事例**
> 4歳　女児
> 生育史：安産。母乳で育つ。
> 家　族：2歳までは両親と生活していたが，3歳時に両親が離婚。その後，母，祖父母と3人で暮らしている。

■プレイの概要

　最初，ボードIIにベッドを左向きに置く。そして，「お母さん，ご飯作ったの。音楽聴きながら掃除もしたの！」「保育園で昼寝して，ホールで遊んだの！」「大きな木もあったの！」「お父さんが迎えに来て，家に帰ったの！」など動物を動かしながら，とりとめもなく話が続く。ペンギンの子を動かしながら保育園の話をする。

　プレイ時間：18分。全体的に楽しそうにプレイしていた。

　使用パーツは，動物（9：父ペンギン，もっとも小さい子ペンギン，ネコを除く），植物（3：大木と小木），食べ物など（2：ランチ・セットとミルクカップ），家具（2：ベッドの左向き1と右向き1），日用品（9：時計2，冷蔵庫，乾燥機，掃除機，テレビ，ラジオ，扇風機，スタンド），装身具（5：Tシャツ，マフラー，草履，カバン，ボール），教材など（7：ピアノ，木琴，本，三輪車，跳び箱，ボール，シャベル）であった。いずれも使用数から見ると平均的である。

　これらの使用の仕方は，上下移動をともなうものであり，われわれにとってこのプレイのテーマは「協調」であると判断されるようなものであった。

■心的世界の理解

a．全体的印象

　父親とは現実には生別という関係であるが，物語はあたかも別れた父親と母親の3人で同居しているかのような物語である。物語からは，これまでのように父親のいる家庭を求めて生活をしている子どもと映る。

ボードⅠの公園では，砂場で遊んでいる子どもが見られず，内面の空虚さを示すとともに，上方中央に使われている大木によって原始的衝動が発露しやすい状態にあることが示唆されている。

b．内的世界

　物語では，お父さんが保育園に子どもを迎えに来ることになっており，これは本児の無意識の願望が表現されていると考えることが妥当である。砂場で遊ぶ物語ができなかったことも父親のいない家庭生活にさびしさや空虚感を無意識的にもっていることと関係していると考えられる。また，居室のテーブルを父母と子どもが囲んでいるが，食べ物はなく団らんもしていないことや，欲しい食べ物がだれもいない氷の部屋（かまくら）にあることなどにも表れていると思われる。氷の部屋にランチセットとマフラーが置かれており，その前に子どもが砂場の縁にいることは，基本的欲求である食欲をみたすためには寒くて冷たい氷の部屋に入らねばならないということから，そこには入れないという心の表現である。つまり，親に甘えたいという退行したい気持ちを充足できないという心の葛藤を象徴的に表現しているということなのである。

　園内での行動として保育士が指摘する「目立とうとする勝手な行動や落ち着きのなさ」は，このような子どもの無意識の心的状況から生じてきていると考えられる。つまり，目立ちたがるのは，親から受けられない愛情を代償的に保育士に求めているのである。

Ⅳ. 事例研究

> **事例8　怒りっぽい，目立ちたがる，べたべた甘える，落ち着きのない事例**
>
> 4歳　女児
> 生育史：安産。母乳とミルクの混合使用で育つ。口に物を入れたがる癖
> 　　　　がある。
> 家　族：父，母，本児であるが，現在，両親は別居しており，本児は母
> 　　　　親と生活している。

■プレイの概要

　パーツを取り上げその部分をよく観察してからボードの上に置いていた。動物を滑り台で滑らせたり椅子に座らせたりする。テーブルのまわりに椅子を置くが，向きを気にしてどう置くか迷う行動が観察された。テーブルをうまく囲めないので苦労していた。ボードⅡ（家庭）では，ペンギンだけをまとめていた。ボード遊び中は，言葉はまったくなかったが楽しそうな表情で置いて遊んでいた。遊び終了後，プレイの実施者が「ペンギンさんなかよしだね」と声をかけると，「みんなでお出かけするの」と答えた。

　プレイ時間：18分。

　使用パーツは，すべてのパーツ。

■心的世界の理解

a．全体的印象

　動物や家具などが，まとまりよく配置されて温かくのどかな印象を受ける。

b．内的世界

　物語はなく，パーツの種類や配置などから次のように解釈できる。

　ボードⅠ（公園）では，7個の動物パーツがそれぞれ独自に遊んでおり，そのなかで子イヌがミルクを飲もうとしたりランチを食べようとしている。これは，公園のごく一般的な風景をイメージ化していると思われるが，イヌグループの3匹の位置関係は本児の現実の家族関係を再現していると考えられる。ボード遊びでの作品では，父親と母親と本児が三角形の頂点に置かれ，表面的にはまとまって見えるが，それぞれの間にコミュニケーションがあるわけでもなく協調した行動をとっているわけでもない。むしろ，3者がバラバラな行動をしているように見える。本児は，父親と母親との間にあって，ひたすらミルクを飲んで愛されたい欲求を代償的に満足させているという心的世界の表現なのである。

　一方，氷の部屋（かまくら）での遊びの内容は，本児の家庭に対する認知の無意識的表現のようである。寒々とした氷の部屋に扇風機を使ってさらに寒さをかきたてて，自己の家庭の寒々とした環境を表現している。そして，この寒さを和らげようとして，草花やランチを配置したと考えられる。そこから推測されることは，本児にとって家庭は冷たいものであり両親の間にあってその両者に気遣う葛藤の場所だということである。

　現実の家庭生活についても，ボードⅡの遊びに現れているように，それが家族団らんや休養などができる心休まる場所になっていないようである。ボード遊びでは，居室内では父子関係，庭では母子関係が表されているが，前者では子どもが座っている椅子の上にTシャツに隠してハサミが置かれている。これは父にたいする恨みや攻撃性が表現されているのだと思われる。また，後者では庭に母子が楽しげに連れ立っている

配置になっている。

そこでは子どもペンギンの前にハイヒールが置かれている。このハイヒールは，自分が背伸びして無理によい子にしようとしている心理の表現である。つまり，母親とは心の深層部を隠して一生懸命楽しくしているという心理の表現である。

このような両親への気配りは，本児のほかの人間関係でも見られる。抑圧された葛藤をかかえながらも社交的にふる舞おうとすることがあるという保育士の評価である。

また，両ボードともに時計を使用している。時計を使用しているということは，本児が本児なりの長い未来展望をもちながら，短いスパンの展望しかもてないで生きているということを示している。

園内生活において，怒りっぽかったり，目立とうとして勝手な行動をとったり，落ち着きがなかったり，他方では大人に甘えるのも，バラバラの家族間の葛藤を自分のなかで解決できず無理によい子でいようと自分を偽っているところから出てくる行動だと思われる。

事例9　自閉傾向を示す事例

4歳　女児
生育史：安産。母乳で育つ。療育センターで受容性言語障害と診断された。
家　族：父は商店主で，母もそれを手伝う。姉ひとりがいるが，この姉は自閉症と診断されている。保育士によると，園内での本児は，こだわりが強く自分のなかでの決め事が多く，機嫌よくおしゃべりが続く日と何もやりたくなくて「疲れた」と動かず寡黙になるときがあるということである。

■**プレイの概要**

まず最初に，母ペンギンを取り出して楽しそうに始める。話もしているがぶつぶつという独り言でよく聞き取れない。「お母さんは花に水をあげます。ジャー。お父さんは新聞を読んでいます」というふうに，日常の様子を描写し淡々としている。家族などのグループ分けはなく，みななかよしでいっしょに暮らしていると述べている。

動物に靴を履かせたり，帽子をかぶせたり，カバンを持たせたりする。掃除機，ジョウロなどの小物も，単独で置かずに動物とかかわらせて物語る。

プレイ時間：15分

使用パーツは，動物（12：金魚を除くすべて），植物（2：中木），家具（すべてを左右上下など多方向に置いている），日用品（冷蔵庫を除

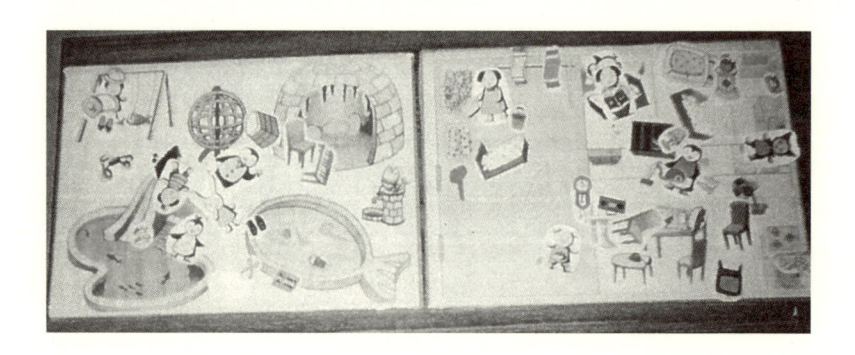

くすべて），装身具（Ｔシャツを除くすべて）である。

■**心的世界**

a．全体的印象

多くのパーツがボード上に置かれているので，一見，にぎやかな印象を受けるが，ボードⅠの右下とボードⅡの左下があいている。そこから，子どもの心の内面に空虚さの存在が推測される。

b．内的世界

ボードⅠに置かれたブランコの子イヌが本児の投影された姿と考えられる。

本児は，意識はしていないが，母を含めて家族に情緒的に同質性を感じられず，母への愛情欲求は強いのであるが，母や家族に甘えることを恐れ（砂場に靴とハサミがある），距離を置いて自己を防衛しようとしている。それはボード遊びのなかで自分の所有物（たとえば，帽子やカバン）などについてルールを決めて家族と対応しようとしているように感じられることからいえるであろう。細部にこだわるのも，このルールに従うためのものであると思われる。

現実の家庭の状況は，ボードⅡに表現されたと思われる。ここでも日常の描写が淡々と語られるのであって，情緒的な絆，感情交流，家族愛などは語られない。「お花に水をあげます。ジャー」がこのことを示している。しかし，家族の役割（一種のルール）はよく理解しておりこれに従おうとしていること，「家族はみななかよしでいっしょに暮らしている」という語りから，なかよしでありたいとかあらねばならないという本児のルールまたは願望の表現であると考えられる。無意識的な恐れとルールや願望の統合が十分に行なえない自我機能の不活発さがある。それがパニックを起こすときは，この無意識的な恐れが意識化されていることを意味していると解釈できる。

本児がこのボード遊びを楽しそうに行なっているということは，このボード遊びが彼女に自己表現，この遊びの実施者との感情交流などの機

会を与えていることである。その意味で，この遊びが治療的に活用できるとの確信がもてる事例であった。

> **事例10　ぜんそくとアトピーをもち他の園児に少し意地悪をする事例**
>
> 4歳　女児
> 生育史：安産。母乳とミルクの混合で育つ。
> 家　族：母と本児と弟。本児が3歳のときに両親が離婚して生別。ぜんそくとアトピーに悩まされている。指しゃぶりがある。

■プレイの概要

　はじめに，三輪車を家の庭に置くがすぐ箱にしまってしまう。家にベッドを置き，砂場にバケツやシャベルの忘れ物がある。金魚鉢に魚の水道から水を入れているが，そのまま放置する。これら放置されたものを，あとからペンギンママが取りに行き持ち帰る。ペンギンママは自転車に乗って買い物に行く。帰ってから布団を洗濯機に入れて洗う。ベッドや布団全部を洗う。「洗濯物を入れるかごがない」といって，通園バッグに布団を入れ，それから物干しに干す。「ブタは布団を干されて怒るの。ペンギンパパとママは，『テレビ重たい，重たい』といいながら運んで引っ越すの」と話す。ストーブが倒れて火事になる。ストーブを水の所へもっていって消す。ブタは下駄を履いて家出をする（理由を聞くと，家が狭くて転がされていやだからと答えた）。また，家のストーブが倒れて火事になる。携帯電話をかけて消防がきて火を消す。掃除機でストーブを吸い込む。アイロンから火事になり，また消防士が来る。昨日の火事で木も倒れた。パパもけがをした。ネコが本をペラペラめくって読んで勉強している。「今日も学校でテスト」といったあとで本を捨てる。

　プレイ時間：25分。楽しそうにプレイしていた。

　使用パーツは，動物（10），植物（4：大，中，小木とも使用），食べ物など（2），家具（すべて），日用品（スタンド以外のすべて），装身具（マフラー，運動靴を除くすべて），教材（すべて）である。4歳にしては，使用パーツ数がやや多い。しかし，再三にわたる火事や洗濯で，パーツはボード上から消失している。

■心的世界の理解

a. 全体的印象

激しい怒りの感情による破壊と荒廃を強く感じる。

b. 内的世界

砂場の忘れ物（バケツやシャベル）や金魚鉢への給水の放置に象徴されるように，本児は父親に忘れられ放置されているという疎外感，劣等感，そこからくる強力な愛情欲求不満を無意識界に持続的にもっており統制困難な葛藤状態にある。他方，母親イメージは，父親の役割をもカバーしようと懸命に努力していることは認めているが，ブタの怒りに示されているように，いまひとつ本児の願望や感情とピントが合わず，かえっていらだたせる存在となっている。したがって，本児のもつ家庭イメージは好ましいものではなく，不満や緊張を生み出す所であり，家庭にたいしての逃避欲求や破壊欲求を強くもっている。そうして，自分を置き去りにし，母を苦労させる父にたいする敵意や攻撃性が強く見られる（パパもけがしたなどの発言）。

目覚まし時計を爆発させたというプレイからは，こうした現実の事態から脱却して快適な生活を将来もてるという時間的展望がもてず，むしろ時間を止めて過去（父親との別離以前）に戻りたいという無意識の願望の表現と解釈できよう。このような心理的葛藤に加えて，ぜんそくやアトピーなどによる苦痛から，自暴自棄になったり（本を捨てるというプレイで示される），他者にたいする意地悪という行動で発散させていると解釈される。

物語のなかで，母親が洗濯をしたり買い物に行ったり忙しそうに働いている様子は，パーツ（ペンギンママ）を立てて歩かせたり自転車に乗せて移動させたりして，感情移入が顕著に見られていること，また，このプレイを楽しそうに行なっていたということで攻撃欲求や破壊欲求がかなり発散されて，カタルシス効果が見られたと思われる。

本児にとって，この1回のボード遊びが，かなりのプラス効果をもた

IV. 事例研究

らしたということは，心の援助の補助手段としてファンタジー・プレイ・ボードの価値が認められるということである。この事例はボード遊びを治療的に継続させることが必要である。

事例11　アトピー性皮膚炎をもつ事例

4歳　女児
生育史：難産。ミルクで育つ。著患なし。
家　族：父，母，本児，弟。しつけは両親とも普通。

■ **プレイの概要**

　最初に使ったパーツは乾燥機で，第Ⅱボードの風呂場のかたわらに置いた。

　その後，黙々とパーツを手に取り，置くところをよく考えて置く。物語は，「……ネコ人間が滑り台をしていて，ウサギさんとペンギンさんはレストランごっこをしていて，イヌさんたちは寝ている。……ウサギさんが大好きなんだ。ウサギさんはペンギンさんとイヌさんとは仲間だけれど，ネコさんとブタさんは意地悪するから仲間に入れないの。イヌくん家で金魚飼ってんだよ」という内容のものであった。最後に，アイロンとその台が置かれた。

　プレイ時間：20分。

　使用パーツは，動物（すべて），植物（すべて），食べ物（4：ミルクカップ2とランチ・セット2，家具（5：右向きベッド1，左向きベッド2，ふとん，書棚），日用品（10：ストーブ，携帯ラジオ，ハサミを除く），装身具（茶靴のみ），教材（本のみ）である。

■心的世界の理解

a．全体的印象

　終了時のパーツの配置から見る限り，バランスが取れ心の健康が保たれている。しかし，物語のテーマから見ると，大好きなウサギ（おそらく本児の投影されたもの）が意地悪されているという被害感をもち，この不快な状況を打破するために攻撃という防衛機制をはたらかせようとしていると推測できる。

b．内的世界

　動物はすべて使われている。それぞれの動物を個性的に把握し，仲間とこれに対抗するものを設定したり，第三者的なイヌを登場させたりして物語を発展させている。本児が，他の園児たちの集団を慎重に観察しながら，自我の傷つきを避けるようなつきあいをしようとしていることが表現されている。激しい攻撃性は認めがたく（ハサミが使用されていない。大木と中木もバランスよく配置されている），被害を受けない限りは人づきあいはよく協調的であり，また，1日1日を計画的に行動できる人であると解釈される。

　物語には，アトピー皮膚炎による不快感は直接表現されていないが，最初に取り上げたパーツが乾燥機であり最後がアイロンとその台であるということから，何らかの形でそこからくる不快感情から解放されたいという欲求の表現ととらえることができよう。つまり，アトピー性皮膚炎に基づく不快感には直接表現されていないが，最初に取り上げたパーツが乾燥機であったり最後に取り上げたのがアイロンとその台であったということは，不快感情から解放されたいために，清潔と乾燥をしなくてはならないという欲求の象徴的表現だと考えられる。

> **事例12　おどおどしていて孤立しやすい事例**
>
> 　5歳　女児
> 生育史：安産。母乳とミルクの混合で育つ。著患なし。指しゃぶりの癖
> 　　　　がある。
> 家　族：常勤の父，専業主婦の母，本人。本児への関与やしつけ方は普
> 　　　　通。

■プレイの概要

「○○（自分の名前）下手くそかも」といって，まずボードⅠに書棚を置く。そして，写真に示されているようにパーツを次々と置き，ペンギンの親子が遊んでいるところと説明する。その後，ボードⅡに移る。ここでは，ブタさんが「僕だけにお料理を作らせて怒っている」と説明した。最後に置いたのは母イヌであった。そして，「○○ちゃんは（自分のこと）お手伝いしたいのに，ママはさせたくないんだ……なぜって……○○はよくわかってないからなの……でも……『やらせて！　やらせて！』というと，『赤ちゃんみたいにいわないの，恥ずかしいでしょ』というの。わがままいうと，ママにお尻ぺんぺんされるから。でも○○我慢して泣かないんだ……でも，○○のママがおばあちゃんになったらかわいそうだから助けてあげなきゃ」といっていた。初めは緊張気味に話していたが最後には「またやらせてね」という。プレイ完了時の作品は，写真のとおりである。

　プレイ時間：7分。

　使用パーツは同年齢の子どもの平均よりもはるかに少ない。動物（5），植物（1），家具（3），日用品（1），教材など（2）である。保身的意味をもつ装身具は使われない。

■心的世界の理解

a．全体的印象

　全体的にやや空虚でさびしい印象であるが，ペンギンの親子がブラン

IV. 事例研究

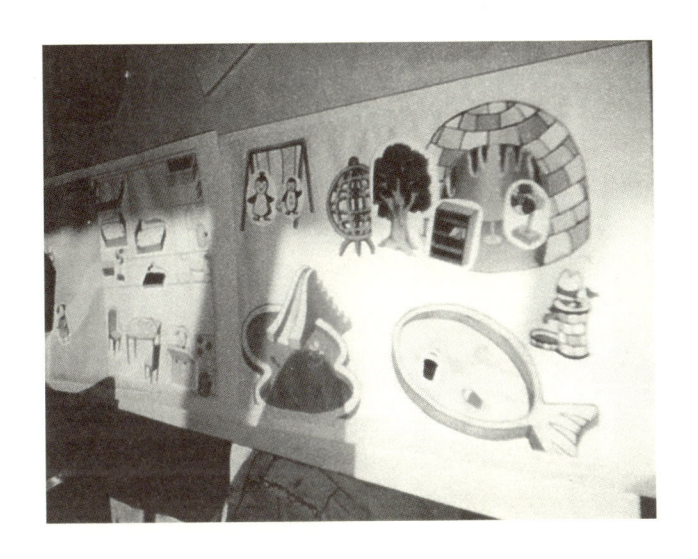

コで遊んでいたり，ブタさんが怒っている情景は，現実とまったく離れているというものではない。水場や砂場は，子どもを退行させ愛情欲求を求めさせ，また充足させやすいとされているが，本児の場合，そこに動物を登場させない。ブランコやお料理などに子どもの動物が参加している。しかも，お料理を作らされているブタさんは怒っている。このブタさんは本児の投影であると推測できる。

b．内的世界

この作品のなかに，母親の支配的養育態度にたいする恐れと愛情欲求不満や甘えたい欲求を抑圧し，よい子であろうとしている自己の空虚さやさびしさ，孤独感や被害感などがイメージとして表現されていると思われる。また，大木がボードⅠの上方中央に使用されているということは，この抑圧された感情は発散の機会を狙っていると推測される。

保育者から見て，おどおどし孤立していると受け取られるのは，母子間の愛情関係が起因していると推測できる。しかし，本児の場合，自己内省的で（左移動が見られている），時間的展望をもっており，母子関係を円滑に保とうという意欲と努力が見られる。母親への思いやりも

ある。

　母子間の緊張は，ボード遊びを行なっているうちにも，少しずつ解放されているように見受けられた。このことは，本児がプレイ終了時に「またやらせてね」と自発的に申し出ていることからもわかる。このような申し出は，楽しく不快気分の解放が行なわれたことを示唆するものである。逆にいえば，このボード遊びの治療的効果にも注目せねばならないということでもある。

事例13　目立とうとして勝手な行動をする事例

5歳　男児
生育史：難産。母乳とミルクの混合で育つ。著患なし。
家　族：両親と弟の4人家族。父親はやさしく母親は厳格な養育態度である。

■プレイの概要

最初にもったのはシャベルであったが，これを砂場に置きすぐに家のなかで見られるパーツをきちんと置いていく。すべてのパーツを置いてからお話をスタートさせた。使用ボードは，Ⅰ→Ⅱ→Ⅰ→Ⅱと循環させている。

「合奏の部屋があって，みんなで音楽をするの。お父さんが出かけてからお母さんがお茶を沸かすんだよ。そして，えーと……お茶ですよって呼ぶの。そして，えりまきを寒いときに巻くんだよ。ペンギンの国で，レンガのお家，みんなで遊ぼう」という物語。

プレイ時間：25分。淡々とプレイしていた。

使用パーツは，動物（10），植物（4：大木1，中木3），食べ物（1：ミルクカップセット），家具（3：ベッド2と書棚1），日用品（8：アイロンとその台，ラジオ，スタンド，歯ブラシとコップを除く），装身具（すべて），教材（8：本，クレヨンを除く）である。

■心的世界の理解

a．全体的印象

　整然とまとまっているが，対人関係における情緒的交流が乏しい。

b．内的世界

　「みんなで音楽する」とか「みんなで遊ぼう」など社交を好み，協調的に行動したがる。家族の役割認知にもとくに偏りはない。母子の交流もあるがやや形式的であり，時に孤立感（池にペンギン1個が置かれている）をもち，その感情から自我を防衛しようと努力している（マフラーをいつも携行している）。社交を好むのも孤立感からの脱却を図っているのだと思われる。つまり，幼児的な甘えや愛着に固執している自分の人格を内省し，その人格の再構築を行なおうとしている状態といい換えてもよい。目立ちたがるのも甘えからの脱却の試みと考えてよいと思われる。目立とうとしてかえって勝手な行動をしていると他者から見られるのは，母親への愛情欲求や甘えから解放され，自立化を図ろうとしているからである。つまり，本児は，自分の母親との濃密な関係を，母親以外の他者と良好な関係へと移すことによって自己の自立を図ろうとしているのであるが，それが適切かつ適応的に行なわれず自己中心的に行なわれるので勝手な行動と映るものと考える。

事例14　べたべたと大人に甘える事例

5歳　女児
生育史：帝王切開による出産。ミルクで育つ。
家　族：母と本児の2人暮らし。父とは生別。

母親は，出産後，精神的に不安定な状態になる。本児が1歳のころ父親と別居。両親ともに本児を拒否しあう。母親は不安定で育児放棄に近い状態になった。5歳の初めのころ両親が離婚。離婚後，母親は少し落ち着く。本児が保育園の3歳児クラスにいた1年間は，担任の保育士を独占しようとしてパニックになることが多かった。離婚成立後，母親が落ち着いてくるにしたがってパニックをあまり起こさなくなった。

■プレイの概要

ボードⅡ（家屋）から始めボードⅠ（公園）へ移り，またボードⅡに戻っている。この事例については，ボード遊びを実施した方の記録が参考になるので，少し長くなるが，全文を紹介することにする。

テーマ：森の幼稚園。

森の中に工事の人が素敵な幼稚園を作ってくれました。ワン君先生，ワンちゃん先生，ペン君先生，ペンちゃん先生がいて，毎日楽しい幼稚園です。幼稚園は○○○幼稚園です（先生「○○○幼稚園って何？」，本児「線路の前の広告にかいてあるでしょ」）。

足音が聞こえました（ファンタジー・プレイ・ボードをのせた机の下を手でたたいて効果音を出す）。

イヌのしま模様の子ども「おはようございます」

先生「おはようございます」

先生「靴はここに置いて」

先生「はい。ワン君の大好きな絵本でもテレビでも見ていいわよ」
また足音が聞こえてきました。

ペンギンの子「おはようございます」

先生「おはようございます」
　ペンギンちゃんはワンワン君のお友だちです。ペンギン先生が木の種を植え，庭に大きな木がなった（大木置く）。足音が聞こえてきました（ウサギなど動物が次々登場する）。だんだんどんどん来ます。またまた足音，みんな起こす，ネコちゃんです。
　みんなはネコちゃんがきらいでした。ワンワンちゃんは帽子がありません。この帽子はワンワンちゃんには大きすぎます。「なあんだ，ペン子ちゃんのだ」
　人数が足りません。わかりました。かわいいペンギンちゃんです。

　（みんな公園に移動）
　ペンペン君ははだかん坊です。Ｔシャツを着てもブカブカです。ブカブカなので，ブタさんがちょうどいい。ブタ君はブランコで遊んで，シャツが汚れました。「先生。これかわかしてよ」「はいはい，わかりました」。男と女は，ブランコで遊びました（ペンギンの子２人）。
　この子たちはションボリ遊んでいました（ウサギが，砂場でシャベルで遊ぶ）。イヌが水をかけてくれたので大きな砂山ができました。おこりんぼのブー太君は，ボールで遊びました。「ゴーン，ゴーン」

　「おやつにしましょう」と大盛りのリンゴをもってきてくれました。みんなすっかりやめたけどひとり足りません（ウサギ）。みんなで家に帰ってリンゴを食べました。
　やさしいワンコ先生は，重いリンゴのかごをもってきてくれました。「僕が先」とイヌの子が泣き，女のワンコ先生と男のワン太先生が，「ハイハイ，けんかしてはだめですよ」といいました。ウサコちゃんは，「悪いのはワンコ君だよ」といいました。「いけません，ワンコ君」と先生はいいましたが，ワンコ君がニコニコ顔なので怒るのをやめました。
　ペンギン先生「もうけんかするのはいけません。なかよくして遊ぶのよ」

Ⅳ. 事例研究

　イヌ子さんは，滑り台を滑って（ボコボコボコ），次はネコ太君，次々（ボコボコボコ）みんなで池で水遊び。

　「ハーイ，お昼ですよ」。先生の声がしました。ワンコ君とウサギちゃんは外で食べるのが好きです。みんなを座らせてと，お椅子は，たっぷり足りません。「ひとつ足りません」「あら，どうしましょう」「僕の所がない」「みんないいこと考えました。2人ずつ座りましょう」。みんな座ることができました。「ちょっちょっちょっと，手を洗い忘れていますよ」。みんな，とうとう洗い終わりました（みんなでリンゴを食べる）。
　「ネコ太君は，眠り屋さんですね」（ベッドにネコを置く）。ブタ君も寝ています。「はい，みんなよく寝ていますね」「眠たがり屋さんですね」（先生以外全員寝かせる）

　あかりが勝手につきだしました。イヌの先生が「まだ眠っててね」といいました。

　上記の物語の内容は，幼稚園の1日の生活である。したがって，使用されたパーツは，幼稚園で目にするものばかりであり，家庭電化製品はまったく使用されていない。
　時間を気にする生活らしく，時計を最初に使用した。そうして，物語は，朝の幼稚園の先生のあいさつから始まり，昼食，夜の時間（ベッドで寝る）へと進む。
　テーマは，保育士の指示（支配）と園児たちの協調があげられている。楽しそうに長い物語を作成した。
　プレイ時間：25分。
　使用パーツは，動物（すべて），植物（3：大木，中木，小木），食べ物（2：リンゴ，ランチ・セット），家具（3：ベッド2，ふとん1），日用品（5：柱時計，携帯ラジオ，スタンド，バケツ，ジョウロ），装

身具（5：帽子，靴3，草履），教材など（ボールのみ）である。

■心的世界の理解

a．全体的印象

　規則正しい幼稚園の生活を再現した物語で，楽しさよりもやや緊張した生活の再現と感じられる。

b．内的世界

　家庭や家族がまったく出現しないことから，本児にとっては，家庭には居場所がなくまた安らぎの場所でもない。幼稚園の生活にこそ生活の実感がもてているように感じられる。使用パーツを詳しく見ると，動物はすべて使用しており，にぎやかな人間関係は好むが，優しさなど共感的な関係や協調的な関係はもちにくく未熟で原始的な関係となる（遊びが各動物ばらばらに行なわれたり，草花が使われず大・中木が中心で使われている）。しかし，そうした自己を統合してその再構築をしようとしている（シャベルで掘り起こそうとしている）。

　家庭や親からみたされていないという認知が，親の愛情の代償として幼稚園の先生に甘えて愛情を求めたり，逆に先生に注目されるためによい子を演じたり支配的になるなどの行動をしていると解釈できる。

　また，本児は，家庭内における強固な日常的葛藤にさらされ，対人関係において緊張を高めているので，無意識的に心身の休息を求めている（幼稚園のベッドで寝るという結末）。

> **事例15 パニック，常同行動，多動，情緒障害の疑いのある事例**
>
> 5歳　男児
> 生育史：安産。
> 家　族：父，母，本児，妹の4人家族。
> 　　　　偏食，指しゃぶり，かむ癖がある。運動機能に遅れが見られる。幼稚園内では，パニック，奇声，多動が見られる。情緒障害の疑いがあるのではといわれている。

■プレイの概要

最初，大木を取り出したが，木とわからなかった様子であった。すぐに残り全部を，ボードにのせて，かき回して終わりとなった。この間2秒であった。この子は，ボードによる遊びを理解できなかったように思われる。

プレイ時間：2秒。

使用パーツは，上記のごとき状況ですべてのパーツが使用された。

■心的世界の理解

a．全体的印象

ゆるやかな課題ではあるが，遊び方がわからず，パニックを起こして全部のパーツをかき回して終わりとなった。

b．内的世界

わからないままかき回しただけであったということが，本児の通常の幼稚園生活を如実に示している。本児は，解決不能の状況に陥ったときに，他者の協力を求めるというような対人的コミュニケーションがとれず，みずからいらだち，かき回してしまうというヒステリックな行動をとってしまうことになると思われる。

事例16　ADHDの疑いのある事例

5歳　男児
生育史：安産。母乳とミルクの混合で育つ。
家　族：両親，本児，弟。
　　　　父親はいってもわからない子だからとたたいてしまったり，からかったりしているが，母親は温かくかかわっている。父母の仲は円満でない。母親は，本児の多動を子どもらしいと受け入れている。

■プレイの概要

　最初は，扇風機を中央の位置にあるベッドのそばに置く。基本的に，絵の命名とその絵にたいしてもっている感想や体験を語る。公園のような外よりも部屋のなかでの物の配置を重視し，置くことそのものを楽しんでいる様子である。帽子とカバンは好んで移動させていた。公園では，空にボールを置いて，これを太陽として暑さを表現したのみであった。

　プレイ時間：18分。プレイ中は楽しそうであった。

使用パーツは，動物（6：母イヌ，子イヌ，母ペンギン，子ペンギン，ウサギ，金魚），植物（大，中，小の木と草花のすべて），食べ物（リンゴのみ），家具（4：ベッドのみ），日用品（9：ラジオ，ストーブとやかん，アイロン台，ハサミを除く），装身具（3：帽子，ハイヒール，カバン），教材など（3：クレヨン，三輪車，ボール〈太陽〉）である。

■心的世界の理解

a．全体的印象

動物の登場が少なく，さびしく，静かな印象を受ける。しかし，公園の中央上方に太陽が輝いているのが強烈な特徴であり象徴的な意味を示唆しているように思われる。

b．内的世界

保育園で毎日用いる帽子とカバンは，自分の大切な持ち物として移動させるほかは，すべてのパーツを置くだけという活動の乏しい物語である（太陽に照らされて，動物は暑さにエネルギーを消耗させて寝ているということ）。太陽は暑さの表現でもあるが，また，本児の父親のイメージを表現したものと解釈できる。すなわち，暴力的な父親に支配されて消耗している本児と家族のイメージが表現されたものと解釈できる。家族が家族と見られていないということは，居室のテーブルに椅子がなく団らんの場と認知されていないことや，家族全員が就寝しているだけのさびしい風景からも推測できる。本児にとっては，就寝が父親の暴力やからかいから逃れることのできる安らぎの状態であることを訴えているように見える。

事例17　通園したがらない事例

5歳　男児
生育史：難産。母乳で育つ。
家　族：両親，本児と兄弟2人の5人家族。
　　　　かむ癖，チックがある。兄弟から怒られたりいじめられることが多く外遊びが好きである。年少クラスのときは通園を好まず，本児が休みたいというときには休ませていた。年中クラスになってからは，長い休み明けになると幼稚園に行きたくないという。

■プレイの概要

　最初，ネコを取り出して，ブランコに乗って遊んでいるという。そうして，「この子ひとりで滑り台にすうーと滑っているでしょう」「この子は砂で遊んでいて，この子はブランコに行く」「途中でペンギンはボールを取ったところなの」といい，ボードⅡ（家）に動物を移し，「今帰って来たところでしょう。小さい子は寝ているだけ。ウサギもペンギンも寝ていて，お母さんは掃除機していて，テーブルを片づけている」と話す。

　プレイ時間：10分（ただし，取りかかるまでに4分かかっている）。

　使用パーツは，動物（12：金魚を除く），植物（2：小木），食べ物（3：リンゴとミルクカップ2），家具（4：ベッド3，書棚1），日用品（2：掃除機とテレビ），装身具（1：Tシャツ），教材など（2：バケツとボール）である。

■心的世界の理解

a．全体的印象

　公園で伸び伸びと遊んでいる風景で安定感をもつが，動物を除いたパーツの使用数が少なく，やや空疎な感じを受ける。

b．内的世界

　日中は，滑り台で滑ったり，ブランコに乗ったり，ボールを取ったり

Ⅳ. 事例研究

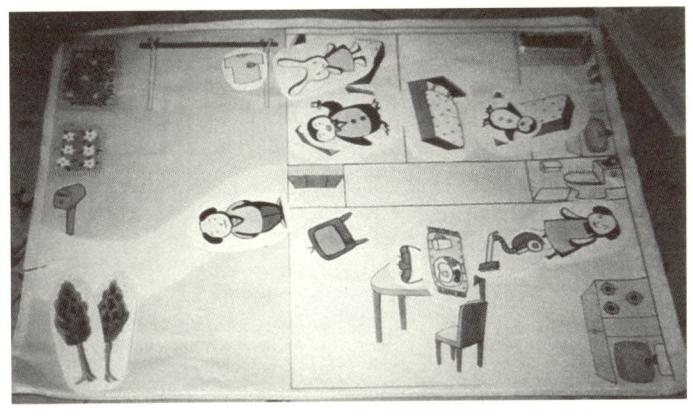

している情景は，本児の活動意欲や活動性また成就欲求などが表現されている。しかし，それらの活動は単独で行なわれている。そこには，協調や役割遂行，情緒的交流が見られない。集団遊びの楽しさを感じる発達段階に達していない様子がうかがわれる。一方，それは本児のもつ孤独感を活動によってまぎらわせているとも解釈できる。ボードⅡの家庭場面における物語の構成から見て，ボードⅠの遊びの世界だけでなく，家庭においても団らんの楽しさを体験できず，それにたいする不満は抑圧し，できるだけよい子であろうとする。また，同じくボードⅠにおけ

る無意識の世界では，母親の愛情を自分のほうに向けて欲しいとか独占して自分のものにしたいという願望をイメージとして表現したものと解釈できる。つまり，母親の保護やぬくもりを感じ，退行できる水場や砂場遊びは，兄弟に譲りその間に立ってこれを見ながら，ボールを拾った母親と向き合っている自分を表現したものと考えられる。

　通園したがらないのも，こうした母親に対する愛情の独占の願望をそうした形で表現しているのだと考えられる。

Ⅳ. 事例研究

> **事例18　LDの傾向がやや見られる事例**
>
> 5歳　男児
> 生育史：安産。
> 家　族：両親と兄ひとり。
> 　　　　言葉の遅れが見られる。教師は，「本児は，他の園児に比べて，感情のコントロールが苦手で，悲しいことがあるとうまく表現できずパニックになることが入園当時多かったし，現在も自分の予定していたことから事態が変わるとパニックになることが多い。自分の世界に閉じこもり，ひとりで2役の会話をしたりして，独り言をいったりすることが多い。しかし，最近は友人との交流を求めてごっこ遊びをする」と述べている。

■プレイの概要

　最初，日用品から歯ブラシセットを置く，そして，「○○はここね」「○○はどこにしようか」と話しかける。教師が「どこでもいいよ」というと「そうね」と答え，いつもよりよく話す。7分後からパーツを置くスピードが早まる。ベッドの配置が気になるらしく，4回やり直した。12分後，パーツを立てて遊び始める。実施者が話しかけても返事しないで自分ひとりの世界に浸っている。15分後，パーツの上にどんどん重ねていく。「全部使わなくてもいいのよ。好きなだけでね」と声をかけるが反応せず。最後は，ボードに全部パーツをのせ「あー，だめだ」といってぐちゃぐちゃとかき回す。

　プレイ時間：10分。

　使用パーツは，すべてのパーツが使われた。

■心的世界の理解

a．全体的印象

　混乱，乱雑，散乱といった感じを受ける。

b．内的世界

　空想力や想像力をはたらかせて現実適応的行動をとろうとするが，思

考の柔軟性に乏しく自分の思考枠にこだわり没頭する。それとともに，感情の高揚が始まり，感情の統制力を失ってしまう。これがパニックを惹き起こすことになっている。

引用文献

Bowlby, J. 1969 *Attachment and Loss.* Vol.I. *Attachment.* The Hagarth Press. 黒田実郎・他(訳) 1976 母子関係の理論I 愛着行動 岩崎出版

Bühler, C. 1935 *From Birth to Maturity: An Outline of the Psychological Development of the Child.* Kegan Paul.

Caillois, R. 1958 *Les Juex Et Les Hommes.* Gallimard. 多田道太郎・保崎幹夫(訳) 1973 遊びと人間 講談社

Erikson, E. H. 1959 Identity and the Life Cycle. *Psychological Issues,* **1**, 1-171. 小此木啓吾(訳) 1973 自我同一性 誠信書房

Jung, C. G. 1921 *Psychologishe Typen.* Rasher Verlag. 高橋義孝(訳) 1979 人間のタイプ 日本教文社

Kalff, D. M. 1966 *Sandspiel.* Rasher Verlag. 大原 貢・中山康裕(訳) 1972 カルフ箱庭療法 誠信書房

河合隼雄 1967 ユング心理学入門 培風館

木村 駿 1995 TAT 松原達哉(編) 最新心理テスト法入門 日本文化科学社 Pp.158-162.

Klein, M. 1975 *The Writings of Melanie Klein.* Vol.3. *Love, Guilt And Reparation And Other Works.* The Hogarth Press. 西園昌久・手島定信(編) 1983 メラニー・クライン著作集3. 愛・罪そして償い 誠信書房

Koch, C. 1952 *The Tree Test.* Verlag Hans Huber. 林 勝造・国吉誠一・一谷 彊(訳) 1970 バウムテスト 日本文化科学社

Mahler, M. et al. 1975 *The Psychological Birth of the Human Infant.* Basic Books. 高橋雅士・織田正美・浜畑 紀(訳) 1981 乳幼児の心理的誕生 黎明書房

McMahon, L. 1992 *The Handbook of Play Therapy.* Routledge. 鈴木聡志・鈴木純江(訳) 2000 遊戯療法ガイドブック ブレーン出版

岡田康伸 1985 箱庭療法の基礎 誠信書房

Parten, M. B. 1933 Social Play among School Children, *The Journal of abnormal and social psychology,* **28**, 136-147.

Piaget, J. 1953 *The Origin of Intelligence in the Child.* Routledge & Kegan Paul. 波多野完治・滝沢武久(訳) 1960 知能の心理学 みすず書房

Rogers, C. R. 1951 *Client-Centered Therapy.* Hoaghton Mifflin. 反田不二男(訳) 1966 サイコセラピー 岩崎学術出版

参考文献

Freud, S. 1940 *Abriss der Psychoanalyse.* 小此木啓吾(訳) 1969 精神分析療法

選集15　日本教文社
遠藤辰雄(監修)　1989　家族画ガイドブック　矯正協会
Groddeck, G.　1923　*Das Buch Von Es*. Internationaler Psychoanalytischer Verlag.
　　岸田　秀・山下公子(訳)　1993　エスの本——無意識の探究　誠信書房
河合隼雄・中山康裕　1982　箱庭療法研究Ⅰ　誠信書房
河合隼雄・中山康裕　1985　箱庭療法研究Ⅱ　誠信書房
河合隼雄・中山康裕　1987　箱庭療法研究Ⅲ　誠信書房
Menuhin, J. R.　1992　*Jungian Sand Play*. Routledge.　山中康裕(監訳)　1992　箱庭
　　療法——イギリス・ユング派の事例と解釈　金剛出版
村山久美子　1992　視覚芸術の心理学　誠信書房
中西信男・葛西真紀子・松山公一　1997　精神分析的カウンセリング　ナカニシヤ
　　出版
奥村晋・松本恒之・松本良枝(監修)　2004　ファンタジー・プレイ・ボード使用説
　　明書　子育て協会
坪内順子　1985　TATアナリスト　垣内出版

おわりに

　ファンタジー・プレイ・ボードは，当初，幼児の創造的思考力の涵養，知的能力の促進を援助する遊びを提供することを主目的とし，副次的に幼児のもろもろの問題となる行動の診断や治療にも役立つ道具の提供を志向していた。しかし，ファンタジー・プレイ・ボードの標準化をめざして資料を収集していくなかで，子どもたちがボードの台紙やパーツを独自に解釈したり，見立てたり，イマジネーションの世界に没頭していくなど診断的かつ治療的機能を強調する報告を多数受けることになった。

　そこで，われわれプロジェクト・チームは，ファンタジー・プレイ・ボードの診断的，治療的機能を理論的に明確に示したガイドブックの必要性を痛感し，本書を著すことにした。

　昨今，養護施設はもとより，保育園や幼稚園においても本書中にも事例として取り上げたような心身に悩みをもつ子どもが増えているといわれている。われわれが開発したボード遊びは，健康な子どものみならず心身に悩みをもつ子どもの理解や援助に役立つものと確信している。しかしながら，このプレイ・ボードを診断的・治療的に活用する場合には，慎重であるべきことを強調しておきたい。

　人の心理は複雑である。このプレイ・ボードの実施結果だけでその人を完全に診断することはできない。その診断に際しても心理学や医学などの深い造詣が必要となってくる。治療的にかかわる場合にも，子育てカウンセラー以外にも数多くの種々の心理学会の認める○○心理士という資格があり，臨床心理学や発達臨床心理学などに造詣が深いことが資格要件である。臨床心理学に造詣の深い人が行なうプレイであるからそこに子どもの真実が現れるということである。

　最後になったが，本書を出版するにあたり，ファンタジー・プレイ・ボードのプロジェクト・チームの奥村晋，松本恒之，浅井聖士，荒木佐

知子，大塚弘枝，栗田順子，小林由美子，島田久美子，角田喜美子，山内礼子，杉浦正明の諸氏に多大な助言と援助をいただいた。そして全国の子育てカウンセラーの方々から，このファンタジー・プレイ・ボードの実施とその記録をいただいた。また，池田唯氏は収集された資料の入力，統計分析に協力いただき，北大路書房の関一明氏，奥野浩之氏には編集において写真の配置，図表・イラストの挿入など温かく，そして細やかなご配慮をいただいた。ここに深謝いたします。

松本　良枝

　ファンタジー・プレイ・ボード研究会は，このボードの制作から実際的な活用の面について研究をすすめてきた子育て協会の子育てカウンセラーの方々によって構成されてきました。
　研究会は年に4回（1月・3月・6月・9月），横浜市上大岡の"ウィリング横浜"で開催されていますが，多くの方々の参加を希望しております。
　研究会事務局は下記にあり，各種のご照会に応じています。

ファンタジー・プレイ・ボード研究会　事務局
247-0051　神奈川県鎌倉市岩瀬310-702
TEL・FAX：0467-48-6472
E-mail：fantasy@suki.yan.ne.jp
担当者　浅井聖士

著者紹介

松本　良枝（まつもと・よしえ）

1935年　京都府に生まれる
1958年　東京大学教育学部教育心理学科卒業
　　　　法務省入省　矯正研修所教官，法務総合研究所主任研究官，
　　　　少年鑑別所長，少年院長などを経て，
現　在　帝京大学文学部心理学科教授（臨床心理学）

主著・論文　非行少女の心理　大日本図書　1980
　　　　　　少女の非行と立ち直り　大日本図書　1995
　　　　　　矯正保護カウンセリング（共著）　日本文化科学社　1990
　　　　　　児童虐待とその対策（共著）　多賀出版　1998
　　　　　　不安からの非行　犯罪と非行 94号　Pp.25-45.　1992
　　　　　　児童虐待を受けた思春期女性　家族心理学年報 15, Pp.15-38.　1997
　　　　　　矯正心理学　上・下（共編著）　東京法令出版　2004
　　　　　　　　　　　　　　　　　　　　　　　　　　　　　他多数

ファンタジー・プレイ・ボード　ガイドブック

| 2005年4月1日 | 初版第1刷印刷 |
| 2005年4月10日 | 初版第1刷発行 |

定価はカバーに表示
してあります。

著　者　　松本　良枝
発行者　　小森　公明
発行所　　㈱北大路書房
　　　　　〒603-8303　京都市北区紫野十二坊町12-8
　　　　　電　話　(075) 431-0361㈹
　　　　　FAX　(075) 431-9393
　　　　　振　替　01050-4-2083

©2005　　　　制作●ラインアート日向・華洲屋　　印刷・製本●創栄図書印刷㈱
　　　　　検印省略　落丁・乱丁本はお取り替えいたします。
　　　　　　　　　　　　　　　ISBN 4-7628-2434-8　　Printed in Japan